Love

性啟萌

Let's Talk About Love Love

青少年性教育讀本

Love

許佑生 ——— 著

水晶孔、蔣文欣、筆頭 ——— 插畫

dala sex 037

性啟萌

青少年性教育讀本
Let's Talk About Love Love

作者：許佑生

插畫：水晶孔（ch.1）、蔣文欣（ch.2-3）、筆頭（ch.4-5）

專家審訂：吳建志醫師、黃士澤醫師、郭明惠老師、卓耕宇老師

文稿整理：陳希文

編輯：沈慶瑜

主編：洪雅雯

校對：郭上嘉

美術設計：楊啟巽工作室

內文排版：邱美春

企畫：張敏慧

總編輯：黃健和

出版：大辣出版股份有限公司

　　　台北市105南京東路四段25號11樓

　　　www.dalapub.com

　　　Tel: (02)2718-2698 Fax: (02)2514-8670

　　　service@dalapub.com

發行：大塊文化出版股份有限公司

　　　台北市105南京東路四段25號11樓

　　　www.locuspublishing.com

　　　Tel: (02)8712-3898 Fax: (02)8712-3897

　　　讀者服務專線：0800-006689

　　　郵撥帳號：18955675

　　　戶名：大塊文化出版股份有限公司

　　　locus@locuspublishing.com

法律顧問：董安丹律師、顧慕堯律師

台灣地區總經銷：大和書報圖書股份有限公司

地址：242新北市新莊區五工五路2號

Tel: (02)8990-2588 Fax: (02)2290-1658

製版：瑞豐實業股份有限公司

初版一刷：2017年11月

定價：新台幣450元

性啟萌：青少年性教育讀本 / 許佑生作. --
初版. --臺北市；大辣出版：大塊文化發行,
2017.11面；17×23公分. -- (dala sex；37)
ISBN 978-986-6634-74-1(平裝)
1.性教育 2.性知識 3.青少年教育
544.72　　　　106018753

預約一生的幸福

許佑生

1.

　　請問，正在看這本書的人，你之前的性知識都是從哪裡來的呢？

　　簡略歸納一下，大家似乎各有所本，分別從不同管道去蒐集性知識。有人查網路、有人看A片、有人參考同儕經驗、有人汲取道聽塗說……以上，若不是資訊凌亂、誇大其實；就是沒有根據、隨意臆測。

　　那什麼才是最值得推薦、信賴的性知識獲取管道呢？第一，傳授性教育的課堂；第二，專業出版的性教育讀本。

　　你，是否正走在「正確引領你抵達目的地」的道路上呢？

學習性教育，不必彆扭，不需害羞，不用有心理負擔。它其實是一件正常而愉快的事。因為學習了之後，你能受益良多：瞭解兩性的基本生理構造、懂得善用並保護自己的身體，以及進一步優化生育品質、享受情慾帶來的身心和諧。

透過性教育，你才會知道自己擁有什麼？需要什麼？也知道跟你關係親密的人擁有什麼？以及你能夠給對方什麼？這些打開快樂的金鑰都掌握在你的手中。

2.

性教育，是人生學堂的必修課，青春期的年輕人尤其不能曠課。因進入青春期後好像參加百米賽跑，當第一聲哨音響起，男生、女生體內的性荷爾蒙即開始奔出關鍵的第一步。

首先，年輕的身體出現第二性徵；生理、心理急速發育，都與性產生了緊密連結。在這一段生命的成長階段中，年輕人對性充滿了好奇，渴望求知的慾望能被滿足，正是學習性教育的黃金期。

性教育雖如此重要，但千年以降，並未被人看重。長久以來，成長中的年輕人一直活在老祖宗傳下來「性是羞恥」的陰影中。性，是一種「羞」還說得通，畢竟它是私密的行為，會感到害羞。但把性當成一種「恥」，視為可恥、恥辱就沒有道理了。

「羞恥」二字，一向連結出現；但「羞」不等同「恥」，兩者之間不能混為一談，必須清楚劃分。

性，涵蓋傳宗接代、閨房之樂兩椿大事，同時達成延續生命、豐富人生之目的，都奠立在健康的基礎上，並無可恥之處。

3.

「孩子學習性教育」是世上文明社會的共識；在今日整體社會裡，性教育卻還是難免被隱諱化、意見閃爍。即使，各種知識都已蓬勃發達，性教育仍未必能夠如其他知識一樣順暢通行。

有很多家長、教師、教育者深知性教育的重要，但也有一些個人與團體反對，不准學校開設性教育課程，反對理由是：「孩子知道越多性知識，就越會沉迷在性裡」、「上什麼性教育？那些事長大了就會知道了啊。」這樣似是而非的理由，造成了年輕人的困擾、迷惑，成為保守體系下的受害人。

生活中一個最簡單的例子，當小孩開始獨自過馬路前，每個成人都知道必須先教導小朋友明白交通規則、看懂交通號誌，千叮嚀萬囑咐，才敢放行。學習性教育，跟學習交通規則一樣，必須在學習了之後，才能安全上路。

否則，不教導小孩或沒教會小孩交通規則前，就任其穿越馬路，等於把小孩推向虎口。

4.

2004年，我在舊金山取得性學博士學位後，回台北第一場演講以「身體意象」為主題，推廣「我愛自己的身體，不受主流美學羈絆」。

演講完畢，一位單親媽媽過來跟我私下交談，態度誠懇地說：「老師，你一定要舉辦青少年性教育研習營，我會第一個把兒子送過來，我希望他有管道好好學習性教育。」

原來她兒子正在交往女友，她明白他們有性行為，想要關心兒子有沒有戴套？或採取避孕？卻不曉得從何開口，內心萬分焦急。

這已是十幾年前的事，那位母親現在可能當了祖母。我不確定她擔心的兒子後來是水到渠成、歡喜結婚？還是因小女友受孕，倉促成親給個交代，人生搞得灰頭土臉收場？

那位母親當年的提議就像一粒種籽，落入我的心田；五年前，我認真計畫貢獻所學，書寫這一本青少年性教育讀本，提供給青春期小孩、以及小孩的父母坦然大方地閱讀，吸收正確的性知識；讓孩子知道怎樣保護自己，也知道如何尊重他人。

5.

序文的最後，是對年輕人最重要的提醒：學習性教育，絕對也要學習擔負起「責任心」的態度。性教育，讓年輕人全面認識了身體的奧祕、性的實質功能，這些方面學得越多，就越該培養責任感。

例如，什麼可以做？什麼不可以隨便做？什麼不應該做？什麼要當心？每一個行為之前，都要慎重考慮行為將帶來的後果，確認自己是否承擔得起？

青春期學習性教育，可比喻為幸福人生的工程建設。年輕時候打下性教育的好基礎，等於預約了一生的健康幸福。

希望這本書《性啟萌》，就是你的幸福預約單。

contents

(性/別概念)

sex / gender

青春期 adolescence

人生，從黑白變彩色

「人生從黑白變彩色」這句話耳熟能詳，很適用於形容兒童期進入青春期，相當程度捕捉到了青春期的絢爛光彩。

兒童，心智單純，生長荷爾蒙還未啟動，生活是一部2D數位電影。

進入青春期後，「魔法發生了」：性器官開始成熟、第二性徵出現、性荷爾蒙活躍起來，身體也啟動前所未有的變化。

女生胸部因脂肪增生而漸漸隆起、男生陰莖與睪丸因荷爾蒙增加漸漸變長、變大。男生、女生都在創造自己身體的新大陸；青春期的生活，變成了一部3D立體電影。

小女孩長大了，變成真正女性；小男孩也長大了，變成真正男性。他們既緊張又興奮，就像將破繭而出的蝴蝶，準備展開翅膀，盡情翩翩飛翔。

當兒童當膩了嗎？青春期來也，兒童救星現身了。

青春期，是什麼屬害角色？原來，它是一段可喜可賀的精采過程，讓兒童有一個「轉大人」過渡，接軌邁向成年。

人的一生中，有兩個生長最快速的階段，一個是出生六個月內，另一個是青春期。

身體，在青春期起跑點，當裁判一鳴槍，便奮力往前衝；內分泌系統所分泌的荷爾蒙就是跑道旁充滿活力、吶喊加油的啦啦隊。

青春期，有一連串彷彿只有特務才搞得出來的活動，如大腦下視丘會分泌一種祕密武器，叫做「性腺釋素」（GnRH）；它反應靈活，能刺激腦下垂體，進行青春期的特務使命：「喂，睪丸啊，卵巢啊，你們該上工囉，加一把勁製造性荷爾蒙，轉大人都靠你們了」。

然後，特務在身體各部位埋下炸彈，引爆一連串令人驚喜的第二性徵。第二性徵使人類的身體成熟，具備了繁殖能力。

「世界衛生組織」（WHO）將青春期年齡界定為10～19歲。

《第一階段》青春期早期（10～13歲）

這是身高、體重、身材比例突然激增的階段。生殖器官迅速發育，出現第二性徵：女孩月經來潮、乳房變大；男孩初次夢遺、長出鬍子。在這一階段，男生、女生開始長出陰毛，身體外觀已看得出明顯差異。

一般而言，青春期女孩身體發育比男孩提早1～2年，發育完成也比男孩早。

在青春期早期階段，身體遽變，但大腦還沒跟上身體變化，心理產生很多震盪；情緒不穩、羞懼不安，這都是正常反應，也是多數人必經過程。

《第二階段》青春期中期（14～16歲）

男生陰莖持續增大，發育到15、16歲，陰莖長度、直徑「大勢底定」，達到成年水準。

也有女孩的初經，到了青春期中期14歲才開始。

有些人皮膚油脂分泌旺盛，阻塞毛囊，長出擾人的青春痘、粉刺。

此時，會在情感上渴望脫離父母，學習獨立；建構自己的朋友圈，重視同儕認同。

開始嚮往浪漫戀愛，並對性產生強烈好奇心。在這段探索時期，最需要建立安全性行為的觀念，學習正確的避孕方法。

《第三階段》青春期晚期（17～19歲）

這是肌肉發育、耐力增長的時期，會持續到20歲出頭。這時，身高可能停止生長了，身心變化漸漸緩和，第二性徵、性器官生殖功能已發育成熟。

這段青春期後期的黃金年華，是青少年轉換到成人角色的關鍵期。

　青少年對身體變化有一堆焦慮，有什麼辦法處理這些焦慮？

進入青春期後，第二性徵出現，帶動身體發生了天翻地覆的改變。此時，隨時留意自己外觀變化、對身體發育感到焦慮，是正常的。

第二性徵中，男孩陰莖、女孩乳房發育最明顯。加上同儕間可能會暗中比來比去，造成壓力。例如男孩擔心陰莖會不會比同學們小；假若還偷看A片，看見男優陰莖「有過人之處」，更自覺渺小，充滿焦慮。

由於性荷爾蒙激發，青春期男生容易性衝動；即使沒想入非非，也可能因褲子摩擦，或似乎無緣無故有局部亢奮反應。這是自然生理現象，無須尷尬不安。有此煩惱的男生，也就不必迷惑自己是否特別色！

女孩對乳房發育大小很敏感，暗地與同學目測比較，發育較晚者往往會焦慮自己落後。

男孩在意身高、陰莖尺寸；女孩在意乳房大小、身體線條，這些煩惱大部分以國中時期最集中。這時，離身體發育完成還有很長一段時光，請稍安勿躁。

學校沒教
的事

注意，早熟時代來了

跟過去相比，現代兒童顯著更早進入青春期年齡，童年提早結
束了。以美國為例，15％女孩在7歲進入青春期；這個比例，在
1990年代只有5％。前一世紀女孩乳房11歲開始發育，現在越來
越多提前到7歲了。

這與全球因飲食習慣改變而導致兒童肥胖程度上升有關，因為身
體不只有卵巢會製造雌性素，脂肪細胞也會。青春期不僅比以前
早開始，也比以前持續更久。

青春期：adolescence（有時使用puberty）

青少年：adolescent（另一較通俗用法：teenager，簡稱teen）

【生活例句】

I am now passing into adolescence.

我現在進入青春期了

How to be a happy teenager?

如何成為快樂的青少年？

【名人名句】

You don't have to suffer to be a poet; adolescence is enough suffering for anyone.

你不需要為了成為詩人而受苦，青春期就夠每個人苦了。

——美國詩人約翰·查爾迪（John Ciardi）

Like its politicians and its wars, society has the teenagers it deserves.

就如政客與戰爭，每個社會都有符合其樣貌的青少年。

——英國小說家普里斯特利（J. B. Priestley）

性別

sex / gender

一道彩色的漸層帶

嬰兒打從娘胎出來，接生的醫護人員會先觀看性器官，對父母宣
布：「是男孩！」「是女孩！」從此，生理性別（biological）就
像一張撕不掉的標籤，「男」或「女」標記在身分證性別欄上，
跟著我們一輩子。

性別，表面上看起來只有兩種：男性、女性。實際上，性別並非
二分法這樣簡單；從生理層面、心理層面、自我認同、社會期
待、氣質表現等各方面來說，「性別」其實相當多元，像一道彩
虹有各種顏色的漸層分布。

　生理性別

　　我們一般談到性別時，大多數指生理性別。

　　生理性別是以身體性徵為主。定義很簡單，你天生具有男性器官，就是男性；妳天生具有女性器官，就是女性。

　　生理性別，由染色體決定。每個人都有23對染色體，最後一組「性染色體」，顧名思義，就是決定性別的染色體。男生染色體為「XY」，女生染色體為「XX」。

　　染色體，攜帶遺傳基因，由鼎鼎大名的DNA（脫氧核糖核酸）分子構成，這屬於生物學範圍；故生理性別又稱「生物性別」。

　　除了男女，生理性別還有一種可能：「雙性人」（或稱間性人）。有些嬰兒出生時，同時具有男性與女性的性器官，有些則是染色體無法簡單歸類。過去當這類的嬰兒出生時，會由父母和醫生決定，用醫療方式幫嬰兒去除其中一種性別器官。

　　但有些雙性人長大後，會感受強烈身心不協調，自覺性別氣質和生理性別不一樣，造成生活痛苦。目前，醫學界傾向等孩子長大後，再由其自行決定保留哪一個性別，也有雙性人決定讓兩種性別特徵同時共存一輩子。

心理性別

　　心理性別，指一個人在心理層面上，認同自己是男性，或認同自己是女性。這是一個人對性別的主觀感受，也稱「性別認同」。

　　「性別認同」，可能跟其「生理性別」相符合，也可能不符合。

相符部分，像「生理性別」是男生，「性別認同」也自認是男生；或者「生理性別」是女生，「性別認同」也自認是女生。這種狀況，應容易瞭解。

　　不相符合部分，需要多做一些解釋：

　　一位男生具有男性器官，但在心理上，他不認為自己是男性，而認同自己是女性（也可能自認兼具兩性）。因為過去對性別沒有廣泛、深入認識，所以常把這種情況比喻為「女性靈魂，居住在男性身軀裡」。

　　或者，一位女生具有女性器官；但心理上，不認為自己是女性，而是男性（也可能自認兼具兩性）。

　　上述兩種狀況，即「性別認同」跟其「生理性別」不相符合。

　　當一個人「生理性別」與「性別認同」不符合時，會產生自我衝突、擔心親友無法接受、畏懼社會壓力的多重折磨。有人終其一生活在兩難裡，有人選擇變性手術，改造先天性器官，名符其實成為心理認同的另一種性別。

　　這些人過去稱「變性人」，現在統稱「跨性別」。也有跨性別者不選擇動手術，而讓自己在穿著、性別氣質上，都符合心理認同的那個性別。

　　男、女變性人稱呼有別，男跨女的跨性別者稱「MtF」（male to female），女跨男的跨性別者稱「FtM」（female to male）。

社會性別

　　社會性別，指整體社會、文化、環境對一個人「生理性別」的期待。

　　在現今這個社會，多數人仍期待：男性應表現出陽剛特質，女

性應表現出陰柔特質。

假設，一位男性不夠陽剛或偏陰柔；一位女性不夠陰柔或偏陽剛，往往成為所謂「不符合社會期待」，可能被投以異樣、歧視眼光，造成當事人巨大壓力。

性別特質

性別特質，往往立基於社會對性別之刻板印象。如性別是男性者，毫無疑義，應該有陽剛特質；性別是女性者，應該有陰柔特質。

其實，「性別特質」不是絕對陽剛，也不是絕對陰柔的兩極化。

「性別特質」是一個光譜，大致上包括：陽剛、偏陽剛、中性、偏陰柔、陰柔。絕大多數人的「性別特質」，都處於從陽剛到陰柔之間的廣泛漸層帶。

以男性為例，一位男生可能有濃厚陽剛氣質，也可能陽剛偏陰柔氣質，也可能陽剛與陰柔氣質各一半，也可能完全傾向陰柔特質。

這樣的「性別特質」分布，在女生身上亦然。不管男女，都不應該因為表現出來的性別特質受到歧視。

近年校園常見「霸凌」，多與「性別特質」有關。男生若表現偏陰柔，可能被譏笑「娘娘腔」；女生若表現偏陽剛，可能被譏笑「男人婆」；被譏笑的同學不僅遭受言語霸凌、關係霸凌*，有的還被施以肢體霸凌。

該如何防止校園中這種因偏見所引起的霸凌呢？必須從「性別平等」教育扎根，每個人都應深入認識「性別平等」，學習去接

納不同性別特質的人。

性別平等

　　長久以來，傳統社會重男輕女的觀念，造成性別不平等。

　　近代，透過女權運動的推動，女性爭取到了在政治、經濟、社會、工作、家庭各方面與男性一樣的對待，達成性別平等。廣義性別平等，也包括同性戀平權運動，目前正在國內積極展開，以追求不同性傾向之間的平等待遇。

　　性別平等，目的在於消除性別歧視，正確觀念必須從小學習；而學校正是落實性別平等的最佳場所，台灣各級校園也都相當注重性別平等教育。

　　有了性別平等觀念，男女平等互相尊重，也學習進而去尊重身邊不同「性別特質」的同儕。

　　懷有性別平等意識的人，不論在校，或畢業進入社會，都能夠自重重人，較可能輕鬆擁有良好的人際、情感、婚姻關係，終生受用。

* 關係霸凌：最常見、也是最容易被忽視的，通常是透過說服同儕排擠某人，使弱勢同儕被排拒在團體之外，或藉此切斷他們的社會連結，讓他們覺得被排擠。這一類型的霸凌往往牽涉到言語霸凌，散播不實的謠言，或是排擠、離間團體成員。關係霸凌伴隨而來的大多人際疏離感，讓受害者覺得無助與沮喪。

我的男友來自傳統家庭，不時顯露男尊女卑觀念，彼此常為此不愉快，我該怎麼跟他溝通？

青春期，人格還在發展中，親密關係的互動觀念尚未定型，男友依然還有溝通空間，透過學習而做出調整。

溝通時，妳一定要態度堅持，表示尊重與平等對妳的感受有多麼重要，這樣才能建立穩固的情感基礎。如果他態度強勢，在溝通過程中把感受真實表達清楚，並理解對方性別刻板印象從何而來，妳應堅守立場絕對不能退縮，或因妥協而言詞模稜兩可，這樣會給他錯誤訊息，以為妳願意遷就他的大男人作風。

學校沒教的事

生理性別怎麼決定？何時決定？

醫學臨床顯示，胎兒是男是女由父親的染色體決定。胎兒外生殖器直到了妊娠第8週才開始形成，第15週完全成形。一般懷孕13～15週透過超音波，即有機會看出是男是女？從第8週起，胚胎就能稱為「胎兒」了。有些父母希望保有臨盆後揭開謎底的喜悅，不做超音波測試，醫生也有默契不會主動講。

胎兒是男、是女的因素，在於雄性激素分泌。胚胎分泌足夠雄性激素，就發育男性生殖器官；胚胎缺少雄性激素刺激，原始生殖器就向女性型轉化。

仔細留意，男性陰囊中央有一條攏起的縫，直通陰囊下方、會陰，延伸到肛門處，稱為「陰囊縫」（也稱「R線」）。

這就是有足夠雄性激素的胚胎，從陰性胚胎縫合生殖器，長出陰莖、陰囊的「陰囊縫」。而雄性激素不夠的胚胎則不縫合，保留了陰道口，外陰發育為陰唇、陰核，成為女性。

生理性別：sex

社會性別：gender

性別平等：gender equality

性別特質：gender traits，性別特質可區分陽剛特質（masculinity）、陰柔特質（femininity）

性別認同：gender identity，sexual identity

雙性人：intersex

跨性別：transgender

【生活例句】

Gender equality is at the very heart of human rights.

性別平等，是人權的核心。

【名人名句】

Nobody will ever win the Battle of the Sexes. There's just too much fraternizing with the enemy.

沒人能在性別戰爭中獲勝，因為跟敵人太親密了。

——美國政治家亨利・季辛吉（Henry Kissinger，美國尼克森執政時期國務卿）

第二性徵

secondary
sex
characteristics

陰莖變大了，乳房變豐滿了

「哇，我的陰莖變大了！」

「咦，我的胸部變大了！」

男生與女生到了一定年紀，心中都會出現這樣的OS。

所謂「一定年紀」，就是青春期。進入了青春期，男生與女生的身體幾乎像電影《變形金剛》一樣，在很短時間內不斷組合變化，變高、變壯、變得有線條，零件齊全，看起來有模有樣。

就在這「一定年紀」裡，身體開始發育第二性徵。兩性的第二性徵變化不一樣；但不管男生、女生，在面對自己「新樣貌」的性器官；面對「新結構」的體態；面對「新冒出」的陰毛等諸多變化，都會驚喜交加。

青春期出現了第二性徵，男生、女生觀察自己從兒童身軀快速變成青少年身體。外型變化每天都有新發現，也是「男孩變男人」、「女孩變女人」的成長證據。請保持微笑坐穩，這一列「青春號」高速列車將啟動出發了。

小學的時候，男生、女生會玩在一起；上了國中後，狀況改變了。

男女之間忽然像電影《移動迷宮》那般，豎起了一道牆，壁壘分明。那邊是男生國，這邊是女生國。從那時起，男生、女生分成兩國，不混在一起玩了，只跟同性相處。

第二性徵，就是這一道突然出現的牆，區隔開了兩種性別，以及兩類截然不同的發育外型。

第二性徵，開始報到

青少男、青少女身體因性荷爾蒙分泌，起了一連串變化；除了性器官持續發育成熟外，跟性別有關的特徵也緊跟著一個一個來報到了，這些生理特徵，整體稱為「第二性徵」。

第二性徵，與生殖沒有直接關係，卻能形成男性、女性在體型與外觀上的不同特徵，產生男、女兩性的生理顯著差別。

當性器官發育成熟了，第二性徵逐一出現；第一階段，會先對自己的身體變化仔細觀察；第二階段，自然而然會出自好奇，把注意力轉移到異性的身體。

假如，受到異性吸引而撩起了幻想，身體內隱約感覺一些慾望或衝動，不用太過緊張。坦白說，這就是第二性徵的魔力。

在台灣，女孩平均約在9歲半，乳房開始發育，第二性徵揭開序幕。男孩第二性徵出現較晚，約在10歲3個月陰莖開始變長。一般來說，男孩青春期來得都比女孩晚。

男生第二性徵

- ·男性荷爾蒙（睪固酮）起了作用，促進睪丸變大、陰莖增長
- ·長出陰毛與腋毛
- ·陰囊顏色變深
- ·陰囊上長出陰毛
- ·肛門附近有的也會長出一些肛毛
- ·肌肉質量增加
- ·喉結變大、聲音低沉
- ·臉部長出鬍鬚（有的會長胸毛、腹毛、腿毛）
- ·胸部與肩膀骨架寬厚
- ·骨頭結構較重
- ·皮膚粗糙
- ·脂肪減少，囤積在腹部與腰部

女生第二性徵

- ·女性荷爾蒙（雌性激素）起了作用，促使子宮、卵巢快速成熟，大小陰唇開始發育、月經來潮
- ·長出陰毛與腋毛
- ·乳房隆起、漸漸豐滿
- ·有了乳腺
- ·臉部皮膚細滑
- ·較少有汗毛
- ·臀部與肩膀比例比男性的大
- ·皮下脂肪較多，囤積在臀部和大腿

既然一個人有第二性徵，那應該也有第一性徵吧？

是的，我們的身體有第二性徵，的確也有第一性徵。

第一性徵，指男性、女性的外在性器官，各有不同特徵，能據此辨別男女性別。

人體第一性徵，是由遺傳物質染色體決定；出生時，看性器官就知是男嬰或女嬰。

人體的第二性徵，到了青春期才開始發育，幾年內逐漸完成。

我有同學長出喉結，腿毛都可打結了，我的腿毛與陰毛卻還很稀疏。為何我的第二性徵不明顯？

第二性徵的成長有個別差異，每人速度不一樣；有的較快，有的較慢，但遲早都會來，不用著急。

以陰毛為例，除了個人生長快慢不同；它也跟體質有關，有人長得擴散，有人長得小撮。男生陰毛濃密或稀疏，與陽剛氣質沒有任何關連。

倘若，能夠理解這種「發育個別差異」，就能有同理心，尊重自己，也尊重他人。有這樣的心態，就不會去嘲笑第二性徵發育得較早、較晚，或第二性徵發育得較凸顯的同學。

紳士、淑女絕對不會拿別人的外表開玩笑。

陰毛捲捲的，藏有玄機

為什麼人體頭髮是直的，陰毛卻是捲的呢？頭髮、陰毛或直或
捲？這與毛囊形狀有關。

頭髮毛囊開口是圓的，長出的毛比較直；陰毛毛囊開口是橢圓形
或扁形，比圓形體積大一些。陰毛成長時有多餘空間，循著橢圓
形內部環繞幾圈，當陰毛破囊而出時，才呈捲曲狀。

第一性徵：primary sex characteristics
第二性徵：secondary sex characteristics
陰毛：pubic hair
成熟：mature / grow up

【生活例句】
The pubic hair creates a barrier to prevent external
bacteria or viruses.
陰毛可以阻擋外來的細菌或病毒。

【名人名句】
Most men do not mature, they simply grow taller.
大多數人沒有變成熟，他們只是長高了。
——美國作家洛伊．羅斯坦（Leo Rosten，喜劇作者）

身體意象

body image

好耶，我喜歡自己的樣子

「魔鏡，魔鏡，誰是世界上最好看的人？」

難怪大家都愛照鏡子！畢竟，不管怎麼照，鏡子照出來總是自己；等於鏡子每次都誠實回答：「就是你啊。」

不過，想必也不會有第二個答案了；否則，萬一照出來的不是自己……那豈不是在看恐怖片？

進入青春期，少男少女們的五官、身體比例快速改變，對自己「長得怎樣」，彷彿一夜之間敏感起來。

尤其第二性徵出現後，同學對彼此外觀難免有比較心理，較量之下，「幾家歡喜幾家愁」。

但是，歡喜的人不見得真正歡喜，反而更在意「還有人長得比我好看」。憂愁的人感覺更沉重，「爸媽怎麼把我生成這樣子」？

有的年輕人歡迎這種身心變化，感覺向成年邁進一大步；卻也有人為此變化煩惱、悶悶不樂。

來！不管歡喜、憂愁，先擱置一邊，每一位青春期男女應該都來學一學「身體意象」這門必修課。建立了良好的「身體意象」，才懂得如何正確看待自己，並與自我的身體保持一種健康、親密的互動關係，快樂地穿越青春期。

　　身體意象，指一個人如何看待自己的身體特徵，採取什麼樣的
角度觀看、對待自己。也可以說，身體意象是「一個人心目中對
自己身體的美學態度」。

　　「我怎樣看待自己的身體」，就是「我覺得自己長得如何？」
這是一種主觀的綜合看法，由自己決定、調整。

你跟自己身體關係親密嗎？

　　每個人一生下來，都會跟自己身體建立一套關係；譬如，有人
對自己身體感覺親密，有人覺得還算不差啦；有人感到失望，也
有人認為遜斃了。

　　一個人跟自己身體相處得融洽，就容易快樂；相處卡卡的，就
難以快樂。舉例，一個不斷嫌棄自己胖、醜、老的人，自覺「這
裡不對，那邊不好」，被負面情緒填塞心靈，這種人想要真的快
樂也很難。

　　然而，如果一個人能接納自己外觀，以正向態度看待身體各部
位的人，自處很坦然，生活就快樂輕鬆多了。

建立身體意象，情緒操之在我

　　「身體意象」在青春期特別重要，這是人生正開始愛美的年
紀；非常在乎別人怎樣看自己外貌、身材。

　　但，這個年紀還沒建立堅定主見，常一窩蜂跟潮流，不免把媒
體塑造的「社會主流美」標準，往自己身上套，結果很多人終生
被套牢。

　　主流的「身體意象」標準非常狹窄，比方男生要高壯、女生要

嬌纖，以及一大堆「應該、不應該」很累人的條件。

盡量少在乎他人眼光

多數人都透過「別人的眼光」在看自己，但眼睛長在別人身上，要把你瞧成圓的扁的，隨他高興，你也管不著。

於是，很多青少男、青少女一被人讚美就開心，一被人批評就沮喪；心情好壞起起落落，無法自己完全掌握，變得由別人決定。認真想一想，這樣划得來嗎？

「身體意象」，就是要告訴我們：「其實，一個人可以用自己的眼光看自己，心情由自己決定。」

青春期男女雖然一樣要面對「身體意象」，但兩性的心理負擔是否不同？

確實，兩性面對身體意象時，被加在身上的擔子重量不太一樣。傳統價值觀中，男性被期待事業有成、生財有道，外觀並非重點。女性就不同了，才華、能力容易被忽略，長相、身材則被放大檢視。

部分女性對美醜、胖瘦很有挫折感，甚至活在自卑陰影下。有些青春期女生個案，為了符合主流美減肥過度，產生飲食障礙症。

普遍來說，女生修身體意象學分，確實比男生難修；女生對自己滿意度也比男生偏低；但隨著流行文化與媒體的強力放送，似乎也有越來越多的男性，受到媒體塑造的猛男帥哥窄化的標準左右。

正因如此，每個人皆需更有自覺，不必太在乎他人評價，學習愛自己身體原來的樣子。要有自信：每一個人都散發著獨一無二的美麗。

學校沒教
的事

擺脫媒體影響，身體意象更健康

首先要知道，商業社會都向錢看；為了促銷，選用男俊女俏的模特兒，打扮光鮮亮麗。媒體，先天上就窄化了美的多元性。

1997年，多倫多大學進行一項媒體影響測驗，調查女性對自身不滿意心理，其實與媒體息息相關。

測驗分為兩組，故意讓女同學們在大廳等候。A組被刻意帶往一處角落，桌上散放較嚴肅的雜誌刊物，如《時代》、《新聞周刊》。B組被帶往另一角落，書桌上擺著時尚流行雜誌，如《VOGUE》、《ELLE》。當兩組人馬等待教室開門進入測試前，閒著無聊，紛紛翻閱桌上雜誌。

十分鐘後，大家才放下雜誌，進場作問卷。測驗結果出爐了，先前閱覽較為思維性雜誌的A組，對自己的身體意象滿意程度，勝過閱覽美女時尚雜誌的B組。

B組的反應，對自己身體意象比A組低，顯示了若時常閱讀時尚類刊物，看見美女如雲，身材姣好，長期耳濡目染，易拿自己跟模特兒比較，當然不會滿意自己。

牢記這個測驗，平日接觸越多主流美的影像媒體，而未把持主見者，對自己就會越沒信心，身體意象自然拉抬不上來。人們受到媒體影響既深且遠，必須時時自我提醒：時尚雜誌營造的是夢幻世界，而人是生活在真實世界，兩個世界完全不同。

不要抄襲時尚雜誌的高標準來看待自己，要懂得欣賞每一個人都有獨特吸引力。這樣，身體意象就顯得健康多了。

身體意象：body image

外型：figure

【生活例句】

Positive body image is very important.

正面的身體意象是非常重要的。

【名人名句】

Women have served all these centuries as looking glasses possessing the magic and delicious power of reflecting the figure of a man at twice its natural size.

女人已經當了幾百年的魔鏡，這魔鏡擁有把男人外型照成原寸兩倍大的誘人魔力。

——美國作家維吉妮亞·吳爾芙（Virginia Woolf，被譽20世紀女性主義先鋒）

性傾向 sexuality

巧克力冰淇淋／草莓冰淇淋

古巴一部同志電影《巧克力與草莓》（Strawberry and Chocolate），年代有點久，但令人好奇，保守的古巴文化怎樣闡述這個爭議題材？

兩名男主角性傾向不同，一位是同性戀，另一位是異性戀。電影描述這對知心朋友的互動友誼，用了一個生動比喻：「男生愛女生」、「男生愛男生」，就像吃冰淇淋，有人愛吃巧克力口味，有人愛吃草莓口味。愛吃冰淇淋的心情、吃冰淇淋的快樂都是一樣的，只不過是喜歡的口味不同罷了。

晚近性學、科學、醫學證實，異性戀「喜歡異性」、同性戀「喜歡同性」，除了對象性別不同之外；同性戀者、異性戀者心中感受的戀愛、慾望、關懷，並無分別。

在整個愛的光譜中，異性戀、同性戀屬於其中一環；旁邊還有其他的環，全部組合起來，就像彩虹由不同顏色構成，才是人類全部的愛，這就是所謂的「性傾向」。

　　性傾向，又稱「性取向」、「性偏好」。簡言之，你在愛慕、情感、性吸引力等方面，喜歡男生或女生？

　　受到異性吸引，喜歡異性，你就是「異性戀」；受到同性吸引，喜歡同性，你就是「同性戀」；受到兩性吸引，喜歡異性、也會喜歡同性，你就是「雙性戀」。

金賽博士調查，人口10%

　　1950年代，美國金賽博士發表人類性行為報告，是目前為止最大規模調查。報告指出同性戀約占人口10％，但其研究方法受批評，現在世界公認數據，同性戀占總人口4～6％。

　　金賽博士也提出一份「性傾向量表」，將人類性傾向分為0～6等級，0代表「完全異性戀」，6代表「完全同性戀」。中間1～5漸層帶，是從「完全異性戀」到「完全同性戀」的比例分布。這個漸層帶說法，呼應了上述「愛的光譜」。

性傾向量表 Heterosexual-Homosexual Rating Scale
Heterosexual 完全異性戀 ▓
Homosexual 完全同性戀 ▒

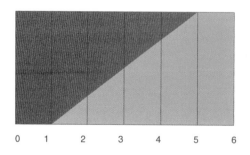

　　　　　　　　　　　　　　　　　　　　　　　　性啟萌

性傾向，是天生或後天？

　　一個人喜歡異性、同性，乃先天基因？或受成長環境影響？這個爭議為時很久。歷史上，同性戀曾被視為天譴、疾病、罪惡，受到懲罰與不公平對待。1975年，「美國心理學會」表示，同性戀是正常情感，並非是心理異常的情感。

　　想要追究同性戀成因是先天或後天，其背後心態較偏向視同性戀為疾病的基本假設，企圖找出病因。但既然同性戀非疾病，究竟原因是什麼就非絕對重要。重要的是——相處與對待同性戀的態度。

現代與過去，對性傾向態度丕變

　　自古起，同性戀即存於人類行為中，多不敢曝光；直到半世紀以來，人們對同性戀接受態度轉變較開放，同性戀者才敢公開性傾向，以致「看得見、數得出」的數量增多。

　　是同性戀就是同性戀，不是同性戀就不是同性戀！沒有「加起來除以二」這種算術的事，性傾向絕不是趕時髦、跟同學鬧著好玩，就會日久成真，轉變成同性戀。

　　當平等的價值被重視，越多人理解到——在追求公平正義那一條金科玉律上，必須多加了一項「性傾向」，方成為完整的理想：「每一個人不得因性別、年紀、種族、宗教、『性傾向』，而遭受不公平待遇。」

　　時代往前跨進，人權成為普世價值，漸多平權觀念進步的國家立法禁止性傾向歧視、性傾向暴力。目前為止，已有二十多國通過承認同性婚姻法律，而且持續增加中。

在這些國度，同性戀者跟每位國民一樣，享有平等的婚姻權利與義務。

社會長期對同性戀成因，存有的偏見與迷思

1. 同性戀者因找不到異性伴侶，變成同志。
2. 同性戀者因受到引誘才轉性，成為同志。
3. 同性戀者因童年受到性侵，留下陰影，淪為同志。
4. 同性戀會傳染，也會經由學習、模仿而讓人轉化性傾向。
5. 只要同性戀者願意，可以被矯正為異性戀。
6. 男同志都很陰柔，女同志都很陽剛。

社會觀念逐漸邁向開放，「同性戀」改稱較婉轉的「同志」；看似開放的風氣下，仍有不少年輕同志受苦。還有一般人對男性和女性的刻板印象，如舉止溫柔的男生、舉止豪邁的女生常被同儕嘲笑，成為校園霸凌對象。

青春期學子尚未建立堅強的自我意識，一旦因性傾向遭受霸凌，不知如何保護自己，造成身心受創。

性傾向自覺，每個人的時間不同

每個人覺察出自己同性戀性傾向的時間並不相同，有些人很早就發現對同性動心；有人在服役期間，與同僚相處，才漸知喜歡同性；有人則是踏入社會，甚至在結婚後，才意識喜歡同性。

不少同志的性傾向自覺起於青春期，通常喜歡上同班或同校同學，也可能是學長、學弟、學姐、學妹。一察覺後，都會緊張恐慌，孤立無援，產生罪惡感而自責。這種情況下，不要獨自承

受，請向學校輔導系統、「台灣同志諮詢熱線協會」等同志／性別友善相關機構求助。

| Q&A | 我是高一男生，對某位男同學有好感，跟他在一起就快樂。沒見面時，我會想他，也會幻想他的身體。我這樣子就是同性戀嗎？

多數男生、女生青春期情竇初開，開始注意異性，多年後跟喜歡的對象結婚生子。這些男生、女生從沒什麼疑惑，情感世界向來是「異性相吸」。

另有些男生和女生在青春期發覺，喜歡上同性對象。心中可能忍不住懷疑：這是過渡時期的親密友情？或真正啟動了同性情慾？先別慌張，也勿急著下結論，因上述兩種都有可能。要知道，瞭解自己的性傾向就像認識自己一樣，需要一段過程。應抱持對自己誠實，喜歡一個人是不分性別的，不被侷限任何可能的心態去認清自己的性傾向，不用給自己時間壓力。

為什麼公開同志身分，叫「出櫃」呢？我確認自己是同志，但不知該怎樣告訴家人？

在保守傳統觀念下，同性戀者擔心被親友知道，大都隱藏性傾向，如躲進黑暗衣櫃中。所以當一個同志公開性傾向時，就稱「出櫃」。

身為同志，最大難關是跟父母、家人出櫃。把握一個原則：不要在爭吵中貿然出櫃，氣氛僵了，父母亦驚亦怒，最糟的情況是可能把孩子趕出家門，或從此冷戰，破壞親子關係。

出櫃並非必然的階段，但若選擇出櫃，則必須經過一段醞釀期，先觀察父母對電視、報紙提到同性戀時的反應，透露他們是什麼態度？傾向可溝通，或「絕對沒辦法接受」。再依照觀察結果，擬定短程、或長程的出櫃時間表。

很多同志花了許多年才接納自己，適應自身性傾向。那又如何去期待向父母一出櫃，他們馬上便能接納？所以，也需給父母和家人一段期間適應。

年輕朋友向父母出櫃，需有心理準備，這是一段漫長過程；從出櫃那日起，就要陪著父母一起經歷這段可能痛苦的磨合期。

出櫃，有非常多不同狀況，建議閱讀「台灣同志諮詢熱線協會」出版《出櫃停看聽》或心靈工坊出版《親愛的爸媽，我是同志》。

學校沒教的事

LGBT，代表什麼意思？

國際上常見以「LGBT」做為多元性別社群代稱，這四個英文字母分別代表四大族群：女同性戀（Lesbians）、男同性戀（Gays）、雙性戀（Bisexuals）、跨性別（Transgender）。

六色彩虹旗，為LGBT的象徵旗幟。在台灣，由同志遊行聯盟重新詮釋這六種顏色的意涵：紅色／性愛、橙色／力量、黃色／希望、綠色／自然、藍色／自由、紫色／藝術。

英文小黑板

性傾向：**sexual orientation / sexuality**

異性戀：**heterosexual**，口語也稱**straight**

同性戀：**homosexual**，簡稱**homo**

雙性戀：**bisexual**

【生活例句】

Sexual orientation is about who you are attracted to and want to have relationship with.

性傾向，指你受誰吸引？以及想跟誰發展出親密關係。

【名人名句】

I have never thought about my sexuality being right or wrong. To me it has always been a case of finding the right person.

我從沒想過我的性傾向是對還是錯，對我而言這件事只關乎我是否找到對的人。

——英國歌手喬治・麥可（George Michael，1980～1990年代主流音樂家）

陰莖

penis

男人一生最佳拍檔

兩性的性器官,又稱生殖器官,分為外生殖器官與內生殖器官。男性外生殖器官由陰莖、陰囊等組成。男性內生殖器官由睪丸、儲精囊等組成。

陰莖,又稱為「陽具」,俗稱「老二」;就好像男人本身是「老大」,男人的陰莖是「老二」;相當台語所說「大仔」跟身旁跟班的「細漢仔」。

陰莖,是男性身體最重要器官之一。陰莖與男人之間,又比其他重要器官更親密。男人常把陰莖看待成同伴,有時也當玩伴;男人與陰莖是好哥們,也是一對同甘共苦的生命共同體。它,是排尿的排泄器官,是射精的生殖器官,也是帶來快感的性器官。

男人有時覺得陰莖聽話,有時覺得陰莖不聽使喚,有自我意志,甚至偶爾還會抗旨。每個男人從當男生起,開始瞭解到:陰莖真的像一首國語歌曲形容的「讓我歡喜讓我憂」!

陰莖，是一個統稱名詞，堪稱有頭有尾，整組零件齊備。

陰莖，由陰莖頭（俗稱龜頭）、陰莖體（或稱陰莖軸）、陰莖根三部分組成。細分下去，還有冠狀溝、陰莖繫帶、尿道口、包皮，構造精密巧妙。

陰莖體內部有奇妙室內裝潢——海綿體，又可分陰莖海綿體、尿道海綿體兩種。

顧名思義，海綿能吸水，一直吸到飽和。陰莖海綿體裡的這一條海綿體動脈，在男生性慾受到刺激，感覺亢奮時，血液就會快速注入海綿體中，讓陰莖飽滿撐起，完成「充血現象」，即俗稱「勃起」。此時，陰莖活力抖擻，等候主人發號施令。

龜頭

龜頭，位於陰莖前端。

多數呈現球狀、圓錐狀；有的像鋼盔，有的像蘑菇（香蕈型）；也有長成尖錐狀或正方體狀。這粒小頭「大有來頭」，主宰著男性快感；底下藏滿「地雷」——密布的神經末梢，使龜頭對於性刺激特別敏感。當龜頭不斷接受磨擦頂觸，連番被踩到「地雷」，就會如同爆發一團壯觀火花那樣，射出精液。

冠狀溝

龜頭邊緣，有一圈突出的「冠狀溝」，也稱「龜頭冠」。

這一整圈突出狀溝的觸覺十分敏銳，當在性交過程中，男性做拔出動作時，龜頭突出腫大的那一圈冠狀溝便被陰道口鉤緊磨擦，磨到感覺最刺激的時候就會射精。自慰時，通常也是以手心

持續摩擦冠狀溝，而達到高潮。

陰莖繫帶

龜頭下方，有一條連結包皮、陰莖的軟組織，稱作「陰莖繫帶」。

陰莖繫帶，也是陰莖最敏感區域，它與龜頭、冠狀溝三者並列「男人第一級戰區」。這三處一旦被連續刺激，男人就擋不住攻勢，往往豎白旗投降失守了。

陰莖繫帶，具有伸縮性。當陰莖勃起時，繫帶明顯跟著伸展拉長；當陰莖呈自然狀態時，繫帶明顯縮短。

請小心謹慎，在性交、自慰時，絕對避免過度用力拉扯陰莖繫帶，否則可能造成裂傷出血。

陰莖體

假設把龜頭比喻為蘑菇，那麼，陰莖體就如一棵樹。在大自然世界裡，蘑菇真的會長在樹幹上，「蘑菇」vs.「樹」、「龜頭」vs.「陰莖體」真是有趣的巧合對比。

大部分時間，陰莖體呈現軟垂的自然狀態，隱見皮膚下交錯細條青色、紅色血管，直徑粗一點會浮出表皮。

當一經刺激，性的亢奮發揮打幫浦作用，促使陰莖體內的海綿體迅速充血，從軟垂漸漸膨脹，直到整根堅硬。皮下血管被灌滿血液，明顯的話，會看起來青筋浮暴。

尿道口

尿道口，位於龜頭前端開口，俗稱「馬眼」。

尿道口，隨機應變：排尿時，變成尿液出口；射精時，變成精液出口。

在射精時，不會一起射出尿。人體自有微妙機制，尿道口一次只能容一種液體通過。

包皮

包皮，覆蓋龜頭上，是一層鬆軟皺折的皮膜組織。這一層皮膜，能保護龜頭不受外來感染。性交時，可減緩摩擦疼痛。

男童時期，包皮緊覆龜頭是正常；隨年齡成長，包皮多會自然褪下。若陰莖勃起，包皮仍不能褪到露出整個龜頭，就是過長了。有的過長到包皮末端緊束龜頭，開口太小，完全無法褪下，醫學稱「包莖」，需請醫師評估是否動手術。

西方國家因宗教緣故，男嬰出生就被割包皮，完成割禮。也有非宗教因素，純粹因包皮過長，而進行精割包皮手術。

性啟萌

　　　　陰莖到底多大，才算是大？

「我的陰莖夠大嗎」、「我的陰莖是否太小？」
每位男生進入青春期，看著陰莖逐漸增長，最關切它能繼續長多大？
「陰莖怎樣才算夠大」？先來看一則趣聞，美國總統林肯高個子身材，有人問他：「一個人的腿應有多長？」他回答：「人的腿從小長起，只要長到足夠踩到地面就夠了。」意思說，腿沒有「應該多長」的標準，只要搆得到地面，能踩地走路就可以了。
陰莖長度，可比照林肯總統這則趣事；只要陰莖勃起能夠成功進行性交，就足夠長了。
陰莖長度，與一個男人的性能力、性生活快感、陽剛程度、身高、五官、手腳大小沒有關連。陰莖的長度，也不會影響女性高潮。

我的陰莖好像長得不正，似乎歪歪的，這有問題嗎？

陰莖勃起時，有的筆直，有的有彎度。彎度分為幾種：縱向上翹、下彎；橫向偏左、偏右。
陰莖勃起後稍有彎曲，乃屬正常。若彎度過大，屬於「陰莖彎曲」。但只要能進行性行為，雙方沒有不適感，並無需要矯正。

我的陰莖顏色逐漸變得較黑，會不會跟常打手槍有關？

事實上，多數人的陰莖顏色本來就比全身膚色來得黑。
男性打手槍或從事性交頻率過高，長期受到性刺激，是有可能造

成黑色素沉澱，使陰莖顏色變深而顯黑。

但，若因此以為陰莖顏色越黑，就是洩露了打手槍或性交次數越多，這並無絕對根據。陰莖並沒有統一色，陰莖顏色因個人體質，各有深淺，顏色與性機能無關。

陰莖迷思很多，例如有人以為經常自慰，多拉拔陰莖，能讓它變長，這也無任何證據。陰莖，可不是橡皮筋喔。

我的龜頭邊緣長出一些白色顆粒，那是什麼東東？

這些從龜頭冠狀溝長出微小米粒狀的白點，叫「珍珠狀丘疹」。有的突出而長，像肉芽；有的只是細密的點狀。多數為白色，少數淡紅。

這是一種良性血管纖維瘤，外觀上呈現排列整齊。常見於年輕男性，一般無自覺症狀。

有人持續一段時間就會消失，有人長期在原處無變化。它沒有傳染性，也不影響健康，無需特別處理。

我的包皮過長，會蓋住整粒龜頭。把包皮褪下，常發現白色黏垢，要如何消除呢？

包皮過長的話，皮膚油脂容易積在包皮內、龜頭底部的空隙中，叫「包皮垢」。

包皮垢，是白色污物，適合細菌生長，散發一股嗆鼻腥臭味。長期不清除會積結硬塊，磨損包皮而造成發炎。目前臨床證實，包皮垢與女性子宮頸癌有密切關係。

清洗包皮垢很重要，「包皮翻出來洗」是訣竅，把過長包皮整個

外翻，龜頭全露出，以手指在積垢之處搓出垢物，用水沖洗，直到垢物全部洗淨。

包皮過長者，每次洗澡時，都需如此徹底清洗包皮。

早上醒來，發現陰莖勃起

這與睪固酮有關。睪固酮，一天中分泌量不同。早晨，分泌量達到尖峰，很多男生睡醒後會察覺下面硬梆梆，稱作「晨勃」（晨間勃起）現象，乃身體受到睪固酮影響產生自然反應。

晨勃，一直被視為年輕人活力的象徵。但沒有晨勃，也不屬於異常。晨勃，還有一個可能，夜間脹尿正在聲聲呼喚。

陰莖：penis，陰莖俗稱很多，影視中常聽到的有cock、dick、prick

龜頭：glans

包皮：foreskin

性器官：sex organs

生殖器官：reproductive organs

【生活例句】

My penis is 13 cm long when it is hard.

我的陰莖勃起時有13公分長。

【名人名句】

There are very few jobs that actually require a penis or vagina. All other jobs should be open to everybody.

真的需要陰莖或陰道的工作非常少，因此所有的工作機會應該開放給每一個人。（比喻在工作上，男女皆應平等）

——美國律師佛羅倫絲・甘迺迪（Florynce Kennedy，女權推手）

陰囊

scrotum

夏天盪鞦韆，冬天烤壁爐

男性體內有一對寶，每天都出外旅行：這一對寶就是睪丸，天天住在一家叫「陰囊」的五星級國際飯店。

夏季，這對寶跑到沙灘邊，掛起吊床，躺在上面悠閒的搖啊搖，喝鮮榨果汁，吹海風、看夕陽。

冬季，這一對寶深居在「陰囊」飯店房間，靠近壁爐，熱氣烘臉，通體暖和。

男人這兩顆睪丸，大概是全天下最懂得享受、也最嬌氣的丸子！既怕冷，又怕熱。幸好，「陰囊」飯店服務周到，確保貴賓房冬暖夏涼，讓丸子兄弟一年四季生活舒爽，以便完成製造精子的神聖任務。

　　陰囊，位於陰莖根部下方，是一個薄軟皮膚、平滑肌構成的囊狀物，主要功能為保護囊內睪丸。

陰囊懸垂體外，四季如春

　　睪丸，真符合了「囊中物」一詞，就在陰囊裡。為何陰囊長在體外，而不是長在體腔裡呢？因睪丸負責製造精子，而精子對溫度很敏感，必須在低於體溫的環境中才能存活。

　　這時，陰囊的妙用就出來了。陰囊垂懸在體腔外，熱脹冷縮，稱為「全球最棒的溫度調節器」當之無愧：陰囊可伸可縮，讓睪丸能一直保持在比身體正常體溫低2℃的「完美35℃」環境。人體構造，設計真周到。

　　為了精子好品質，陰囊會隨時因應周遭氣候而變化。天熱時，囊皮變軟、鬆垮垮，睪丸便「跌入谷底」，垂在陰囊最下方，使睪丸盡可能遠離身體，維持散熱。另外，陰囊也會透過排汗，降低囊內溫度。

　　天冷時，囊皮變厚、皺巴巴，睪丸便被推近身體，靠體溫取暖。

蛋蛋，一般右高左低

　　在胚胎發育過程中，大約30週，男嬰睪丸會從腹腔下滑到陰囊內。一般健康男性的兩粒睪丸，其大小、形狀、高低並不相同。這是人體進化的神奇結果，在於避免遭受外力碰撞時，兩顆睪丸同時受傷，降低了同時報廢的風險。

　　所以男生兩邊陰囊不在同一水平，一邊蛋蛋會比另一邊高一

點，這很正常，無須擔憂。一般右邊高、左邊低。著名「大衛雕像」就可明顯看出陰囊右高左低。

陰囊中央有一層隔膜，區分左右兩室，不妨稱作「男性生殖系統總工程師休息室」，兩室各有一顆睪丸、副睪、輸精管。

這就是為何觸摸陰囊時，除了摸到兩粒睪丸，還能摸到一串繩索般的附屬管線。

黑色素與陰毛囊

陰囊表皮有黑色素沉澱，外觀比附近皮膚黑，但也有人的陰囊一直是粉嫩顏色；陰囊皮上有很多皺折，堆擠在一起像海波浪；皮層富彈性，可從容擴張、緊縮。

陰囊上，除了皺紋，還有像芝麻粒的毛囊。青春期男生長陰毛，最先從陰囊、陰莖根部長起。長在陰囊上的陰毛有個體差異，每人濃稀不一，也有可能寸草不生。

疝氣要當心

有時，陰囊會出現惱人的「疝氣」。當身體內部器官由正常位置移至不正常位置，都可稱「疝氣」，較常發生在腹股溝部（鼠蹊部）。這是指腹腔內的臟器如小腸，滑移至陰囊中，俗稱「脫腸」，以致腹股溝部與陰囊摸起來有些腫大。

疝氣，可發生在任何年紀，但以幼兒為多。疝氣，能經由手術治療。

不管去海邊或泳池游泳，游完後，為何陰囊都縮成一球，每個男
生都是這樣嗎？

海水與泳池的溫度，比身體溫度低得多，水的低溫會刺激陰囊內
的平滑肌、提睪肌收縮，將睪丸往上提，靠近會陰部，以便攝取
體溫驅寒。

於是陰囊也就自然盡量收縮，成為皺紋緊密的球體狀。陰莖也會
跟著冷縮起來。這就是每一位男生下水後，陰莖和陰囊看起來都
會「縮水」的緣故。

夏天時，感覺陰囊部位總是濕濕的，偶爾發癢，癢得難受，這是
皮膚病症狀嗎？

青春期男孩活動量大，本來就容易出汗；加上陰囊部位被內褲悶
著，更易排汗。假若該處濕而奇癢，有可能是「陰囊濕疹」（又
稱「睪丸濕疹」，俗稱「繡球風」），屬於過敏反應，發作於陰
囊附近，或延伸到肛門周圍。

它是常見皮膚病一種，雖與性器官有關；但不是性病，也不具傳
染性。濕疹部位會發癢，尤其炎炎夏日特別難受。

發生原因大多為遺傳體質、過度疲勞、失眠憂鬱、情緒波動。此
症反覆發作，不易根治。

忌吃辛辣等刺激性食物、穿寬鬆棉質內褲、運動出汗常換洗、勿
塗非醫生處方的藥膏。

陰囊，開不得玩笑

陰囊，不像大部分的身體器官有肌肉和骨骼保護，所以非常脆弱。比起女性生殖器官，男性生殖器官有更多的「疼痛細胞」；而睪丸神經末梢直接連到胃裡，對痛更敏感。這也是為什麼我們看到電影裡壞人被高跟鞋「踢襠」，會捂著肚子在地上打滾。

這是一件需時常提醒自我、同學間也需互相提醒的事，即使戲耍或開玩笑，都不能有任何攻擊下體、造成下體疼痛的動作。

英文小黑板

陰囊：scrotum

疝氣：hernia

【生活例句】

Why is the scrotum so sensitive?

為何陰囊如此敏感呢？

【名人名句】

Telling a writer to relax is like telling a man to relax while being prodded for a possible hernia.

叫作家放鬆，就像叫一個可能疝氣發作的人放鬆一樣困難。

——美國作家威廉・辛瑟（William Zinsser，被譽為50年來最具影響力的寫作教師）

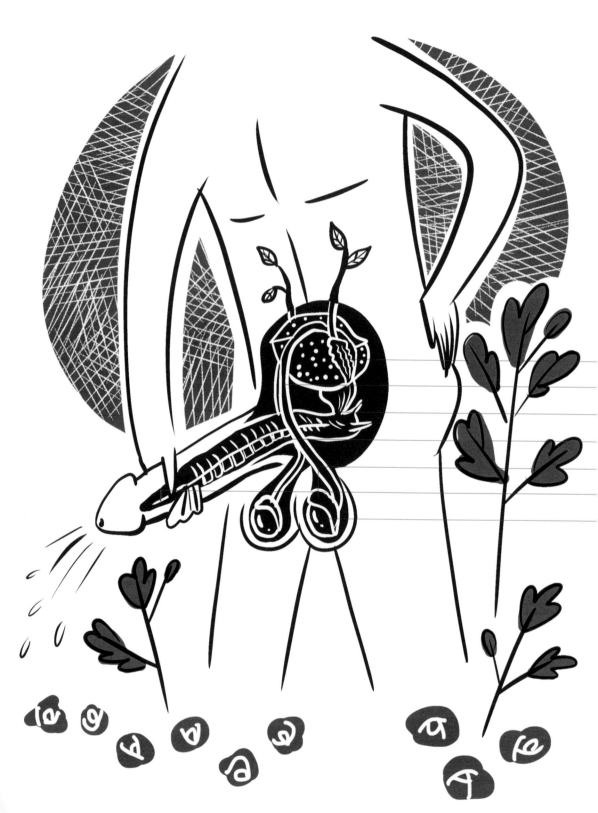

男性內生殖器官

male
internal
genital
organs

構造與功能

儲精囊

輸精管

前列腺

海綿體

副睪

輸尿管

睪丸

睪丸

　　睪丸，俗稱「蛋蛋」，是男人的一對寶貝蛋，禁不起重力碰撞；請小心愛護，留意勿被撞或被踢。

　　睪丸位於陰囊內，左右各一顆，橢圓形、微扁狀。成人睪丸長度約5公分，主要有兩大作用：製造精子、分泌雄性激素（睪固酮），維持男性生殖與性功能。

副睪

　　副睪，位於睪丸頂部及後側，呈長條狀，連結睪丸和輸精管。它是精子的必經之路，能促進精子的活動力與授孕力。

輸精管

　　輸精管，一條長約30～50公分的管道，如同機場的行李輸送帶，專責輸送寶貴的精子們。一端連結副睪，另一端則向上穿過腹股溝，進入骨盆腔，連結精囊。輸精管末端膨大為「壺狀」，是儲存精子的部位；射精時，精子即由此壺部宣洩而出。

儲精囊

　　儲精囊，也稱「精囊」，橢圓形囊狀器官。是一座營養製作工廠，專門調配精子的營養補充品。

　　提供精液分泌物，內含果糖（供應精子能量）、凝固酶（使精液射出後形成膠凍狀）。有60％的精液來自於此。

海綿體

　　海綿體，男人身上最神奇的東西，可讓男人熱血沸騰。

　　陰莖，由三條海綿體構成：二條陰莖海綿體，一條尿道海綿

體。男性在性亢奮時，血液經由陰莖動脈進入陰莖海綿體，完成充血，陰莖勃起。

輸尿管

輸尿管，是一條細長、扁圓柱管道，長約20～30公分。連接腎臟與膀胱。

輸尿管和輸精管是不同的兩條管道；前者傳送尿液，後者傳送精液，尿液與精液雖都從尿道口出來，但不會在同一時間流出。

前列腺

前列腺，又稱「攝護腺」，如核桃般大，緊密貼近膀胱下方，直腸上方，尿道由前列腺中間穿過。這是男性特有腺體，「唯有男人才有的器官」。

前列腺功能為分泌、儲存前列腺液，做為精液緩衝酸鹼值之用。男生受性刺激後，尿道口率先流出透明黏性液體，是尿道球腺液，而非精液。

前列腺體積會隨年齡增長而變大，「攝護腺肥大」好發於中年以上男性，影響排尿。有尿排不乾淨、滴滴答答、三兩下尿意又來了，很困擾生活。

年輕朋友請體貼喔，家裡若有中老年男性長輩，提醒他們至少一年做一次檢驗。

學校沒教
的事

別讓攝護腺，吃得太油膩

研究顯示，前列腺癌的發病率歐美男性多於中國和日本，主因是東西方飲食結構的不同。西方飲食中的高油脂食品，提高了前列腺癌發生幾率。若屬於飲食習慣較為清淡、油脂類攝取量較低的族群，發病率相對較低，差距達20倍。

但台灣飲食也越來越多西食了，一樣需要注意。

前列腺疾病的發病率與男性的雄性激素、脂肪和膽固醇的攝入量，以及生活方式有關，少吃紅肉、多吃豆類和蔬菜是遠離前列腺癌的祕訣。

睪丸：testicles，俗稱balls、nuts

前列腺：prostate

【生活例句】

Why does getting hit in the testicles hurt so much?

為何睪丸被撞到，會感到這麼痛呢？

【名人名句】

Girls have got balls. They're just a little higher up, that's all.

女生也有「蛋蛋」，只是位置比較高一點而已。

——美國創作歌手瓊‧傑特（Joan Jett，搖滾吉他手兼主唱）

陰唇

vulva

女人身上這朵花

早期有一首國語流行歌〈女人花〉，膾炙人口：「我有花一朵，種在我心中，含苞待放意幽幽……女人花，搖曳在紅塵中，女人花，隨風輕輕擺動……」唱出女人如花，清新優雅、娉婷自然。古往今來，文學家最愛把女人比喻為花。以「如花燦爛」形容女人的笑容；以「閉月羞花」形容女人的嬌羞。

女人本身像一株花；奇妙的是，若縮小觀之，女人身上有一個部位——陰唇，也可獨立出來比喻為花，成為花中花。

大、小陰唇重疊並行，像波浪紋的花瓣。大、小陰唇略微外翻，像綻放的花蕊。花瓣、花蕊都齊全。

大、小陰唇封蓋著陰道口，更如一對「護花使者」，稱職地保衛女性生殖、泌尿兩大系統：預防感染，不讓異物入侵；維持陰道衛生、健康。

女性外生殖器官由陰唇、陰蒂等組成。

女性內生殖器官由卵巢、子宮、陰道等組成。

　　陰唇，分為大陰唇、小陰唇；起自陰阜，止於會陰，位於女性陰道口的兩側，是環繞陰道口的兩片唇狀組織。

　　所謂「陰阜」，指女性恥骨上方的皮膚、皮下肥厚的脂肪墊；呈現隆起丘狀，又稱「維納斯丘」。從青春期起，陰阜開始長出陰毛。

大陰唇

　　大陰唇，是一對縱行隆起、具有彈性的厚皮膚皺襞*，長約7～8公分，寬約2～3公分。大陰唇兩片厚皮彈性極佳，可蓋覆部分或整個女性陰部。

　　小女孩時期的大陰唇緊緊結合、細膩光滑；到了青春期，出現第二性徵，大陰唇最外側表面開始長出稀疏陰毛。

　　大陰唇內側的皮下，富含汗腺、皮脂腺。皮面有色素沉澱。大陰唇外側顏色比較接近身體其他部位，內側可能深暗一些，呈現褐色、棕色或黑色等。

小陰唇

　　小陰唇，位於大陰唇內側的柔軟皮膚，也分為左右兩瓣，起自陰蒂上方那一小截皮褶形成的陰蒂包皮。通常，小陰唇會被緊貼的大陰唇包覆。

　　兩片小陰唇布滿血管，以及豐富神經末梢，尤其內側地帶相當

敏感。一旦女生進入性亢奮階段，小陰唇會迅速充血，腫脹擴張，體積可增大為原本兩到三倍。

相對於大陰唇色澤偏暗，小陰唇顏色一般較為粉嫩，常被形容為含苞待放的玫瑰花。

大陰唇、小陰唇各有兩片，左右對稱；若兩片大小不均等，一邊比另一邊大些，也屬正常。每個女生的陰唇外型，就像每一張臉蛋長得不一樣。

大陰唇，是保護陰道和尿道第一道門戶。小陰唇，是第二道門戶。

陰道前庭

陰道前庭，指小陰唇左、右兩側所包圍的那一片菱形區域。

這塊區域前後兩端狹窄，中間寬大，分布著尿道口、陰道口、前庭大腺、斯基恩氏腺。陰道口在中央，孔洞較大；尿道口在陰道口上方，孔洞較小。

前庭大腺

前庭大腺，也稱「巴氏腺」，是一種腺體，位在陰道口兩側，腺管開口於小陰唇內側靠近陰道前膜處，會分泌一種無色、鹼性、略黏稠的液體，有滑潤陰道前庭的作用。同時，也降低陰道因乾澀被陰莖不斷摩擦引起的痛楚。

＊ 襞，音ㄅㄧˋ。皺褶，腸、胃等內部器官上的皺褶或皺紋。如「胃皺襞」、「環狀皺襞」。

前庭大腺分泌的透明液體，類似男性「前列腺液」，前庭大腺也被稱「女性前列腺」、「女性攝護腺」。就是說，女性雖沒有攝護腺、前列腺，卻有具相同功能的腺體。

前庭大腺容易受到外來細菌感染，出現紅腫、疼痛、灼熱等症狀。

| Q&A | 男生會射精，女生是否也會射精呢？

當女生進入高潮時，陰道口的巴氏腺會有液體流出或噴出。有人分泌多，有人分泌少，多的時候較像水狀，稱之為「女性射精」。實質上，這不是女性精液，只是一種分泌物。

一般女性若有此狀況發生時，也不會像A片特效那樣，噴得水花四濺。

進入青春期後，我覺得陰唇變黑變大，為什麼我的妹妹不能長得可愛一點？

本書第1章提及的「身體意象」，包括一個人全部身體，自然也涵蓋了私處。青春期大多有「私處意象」的困擾，男生煩惱弟弟長得不夠大、女生討厭妹妹變不一樣了，不敢多看。

不僅青春期女生，包括很多成年女性對私處仍難以面對。一個不喜自己私處的成年女性，總想辦法「遮醜」，全身彆扭放不開；性生活品質不可能好到哪裡去。

女生應從年輕起，就跟自己私處好好相處，以平常心結成手帕交。

性學家建議，有此困擾的青春期女生、成年女性，不妨多欣賞美國女性畫家喬治亞‧歐姬芙（Georgia O'Keeffe）畫作。她寫生花卉，呈現優美之姿，貌似女性陰部。看她的畫，有助改善負分的私處意象。

把性器官聯想成美麗花朵、甜蜜水果，想像它們的色香味，能營造正向能量。例如，不喜歡陰唇顏色偏暗，那就想像它是暗紅櫻桃、深紅桑椹、暗紫葡萄，心情便美麗起來，舒坦多了。

既然叫做大、小陰唇，不就是大小有別嗎？為何我的小陰唇外露，還比大陰唇大呢？

大部分女生的大陰唇都比小陰唇大一些；大到平順覆蓋，只留一條縫；但也有些女生相反，小陰唇「喧賓奪主」，比大陰唇大，兩側外露。

小陰唇外露若太明顯，叫「小陰唇肥大症狀」，或先天性或後天性。後天性因素為長期刺激、持續摩擦。

譬如，陰道炎分泌物會長期刺激小陰唇，使皮膚與黏膜慢性增生肥大。又如，運動、騎機車或單車造成擠壓、摩擦，也可讓小陰唇增大。

小陰唇肥大常造成摩擦破皮，為避免感染，應速就醫。

學校沒教
的事

那裡癢癢的，怎麼一回事？

許多女生常為外陰瘙癢困擾，感覺陰道內、大陰唇外側、陰阜、陰蒂、小陰唇、會陰等處奇癢無比，或擴散到肛門附近；晚上特別嚴重，也會在經期，或過量攝取刺激性食物後狀況加重。

瘙癢原因很多，常見有外界刺激（如避孕藥、內褲太緊摩擦、月經、分泌物、衛生棉、太常用肥皂洗外陰），和外陰局部疾病等。

若發生騷癢，首先注意外陰衛生，勿用肥皂清洗外陰、克制搔抓摩擦患處、忌辛辣；若未見好轉則應盡速就醫，切勿因害羞而延誤治療！

外陰：vulva（中文另有名稱，叫做陰戶）

大陰唇：labia majora（也稱 majora lips）

小陰唇：labia minora（也稱 minora lips）

【生活例句】

If you want to address the clitoris, labia and vagina together, vulva is the all-encompassing term.

如果你想同時指稱陰蒂、陰唇和陰道，「外陰」一詞可包含全部。

陰蒂

clitoris

一 顆 快 樂 的 鈕 釦

陰蒂，好比女性身體上一粒「快樂鈕釦」，也有專家稱之為「魔術按鈕」。是的，陰蒂真的具有獨一無二的神奇性。解開了這顆鈕釦，女生全身舒暢。

男、女兩性的身體，各有一組器官：它們既是外生殖器官，也是性器官；同時善盡生殖、性生活兩種職責。例如，男性的陰莖、陰囊；女性的陰道、陰唇。唯獨，女性的陰蒂例外。

陰蒂，完全不必分攤生殖的責任；它被分派了一個好差事，只要專心放在一件事——好好享受「身為性器官的快感」就好了。

彷彿，這是造物者出於一番體貼，認為女人懷孕十月生育後代，勞苦功高，於是賜給了她們一個「純粹享樂」的器官——陰蒂，做為犒賞。但許多女孩對陰蒂不熟悉；如此一來，就談不上對這個天賜禮物如何「物盡其用」了。

陰蒂雖小，對女性的性高潮、性快感卻位居關鍵要塞，小「蒂」立大功。有些女生對自身陰蒂也不太熟悉，甚至指不出陰蒂的位置。男生對女生身體最陌生之首，也是陰蒂。

女孩們，就從這一課學習吧：仔細認識陰蒂，知曉這一顆「快樂鈕釦」如何帶來快樂？如何增加快樂？珍惜與善用「快樂鈕釦」，是女生的權利，也是義務。

陰蒂，又稱「陰核」；這兩個名稱通用，有人慣叫陰蒂，有人慣叫陰核，指的都是同一個地方。不要搞混了，這兩個名詞雖不同，但並非指女生身體上的兩個不同之處。

陰蒂，位於兩側小陰唇的頂端，也是兩側大陰唇的上端會合處，在尿道口之上。

陰蒂，三個部分組成

陰蒂的組成，分做三部位：陰蒂頭、陰蒂體、陰蒂腳。

陰蒂的外觀是一粒圓柱體，尖端略膨大，直徑約0.5公分，長約2～3公分。覆蓋在陰蒂上方那一層皮，叫「陰蒂包皮」，也稱「陰蒂帽」。陰蒂包皮，主要功能在保護具有難以置信敏感性的陰蒂，避免受到摩擦、過度刺激所帶來不適與疼痛。

陰蒂的大小、形狀，因人而異。陰蒂包皮的長短，也各有不同。

陰蒂頭

多數陰蒂頭，長得跟小豌豆一般大小。在生理構造功能上，相當於男生的龜頭，但相較之下，龜頭得甘拜下風。陰蒂分布至少8000個感覺神經末梢，遠超過男性龜頭分佈的4000個。

男生一向自認龜頭部位敏感無比，「輕攏慢撚抹復挑」（古詩，形容精巧彈奏弦樂器；現代潮語則統稱「擼」字）就快活飛到九霄雲外。那麼，男生不妨想像一下，自己龜頭的快感強度「乘以2倍」，才等於女生對陰蒂被撫摸、觸碰、刺激的高潮總和。

陰蒂體

男生陰莖會勃起；女生亢奮後，陰蒂體也會充血而脹大變硬。而且，陰蒂一樣有夜間勃起，這是在睡眠中或剛睡醒時的自發性反應。

女生進入青春期，開始產生興趣探索自己發育中的身體；很快就會發現陰蒂確是一粒「快樂鈕釦」，能帶來無法形容的快感。陰蒂，往往成為女生自慰第一個探勘成功的地方。

男生陰莖包皮過長，通常進行割除包皮手術。女生也會有相同問題，陰蒂包皮一旦過長，會阻礙了陰蒂露出，使敏感帶較不敏感，在親密行為中難達高潮。陰蒂包皮過長易造成外陰部感染。在醫師評估下，陰蒂包皮若過長也能動手術改善。

男生包皮過長，清洗時需將包皮外翻，徹底洗淨體垢，養成良好衛生習慣。女生如陰蒂包皮較長，也應該如此清洗。但陰蒂十分敏感，外翻清洗時不宜太用力。

有些女生源自傳統觀念，即使洗澡時也不敢多在性器官上停留，未翻開陰蒂包皮清洗乾淨，導致外陰經常性感染，得就醫門診。

我都以摸觸陰蒂方式自慰，很擔心陰蒂會漸漸變大，留下自慰證據，被以後男友或老公瞧出來。會這樣嗎？

撫觸陰蒂自慰，並不會使陰蒂變大。理由是，陰蒂由彈力纖維、平滑肌束構成，外來刺激不會使之增生變大。沒有任何醫學證明：女性陰蒂的體積大小，跟性慾強弱、高潮數量、性經驗多寡有關連。這跟男生常常自慰，陰莖也不會變大的道理一樣。

聽說，女生陰蒂長得黑，代表性慾強，是真的嗎？

女生陰蒂通常是粉紅、淡紅、褐色，也有黑色。陰蒂顏色，與身體健康與否無關。一般來說，陰蒂確實有可能會隨著自慰、性生活頻繁，長期刺激充血現象，而促使性激素分泌過多，導致局部色素沉著顏色變深，這完全正常。
但有的陰蒂顏色深，是天生性的基因遺傳。因此，把「陰蒂長得黑」全部解讀為女生性慾強、需求大、好色，並不正確。

什麼叫白帶？是不是造成女生內褲黏濕的原因？

白帶，是一種陰道分泌物，由女性生殖器官各部位分泌出來的混合物。俗稱「十女九帶」，女生有白帶分泌物，是正常的。
健康狀況下，白帶分泌很少，外觀如透明蛋清或乳白色，略有酸味，能使陰道常保濕潤。
但如白帶分泌明顯過多，形狀、顏色與氣味出現變化；女生上廁所，動不動發現褲底黏黏濕濕，就屬於細菌、黴菌感染的病理性白帶了。這是疾病的信號，應尋求醫師治療。

整個陰戶，慾火之環

一般對女性高潮的認知有兩種：「陰蒂高潮」與「陰道高潮」。然而，現在有神經科學專家認為，女性高潮其實並不只有這兩種。

陰道口的整個環狀組織，透過密布的神經與血管，與陰蒂連結著，牽引女性高潮的啟動。因此，這整個敏感區塊被稱為「慾火之環（ring of fire）」。在性高潮這件事上，陰蒂和陰道是互相牽引，重疊震波，進而產生加乘的擴大效應。

陰蒂：clitoris，因此簡稱C點

【生活例句】
The clitoris varies in size and shape on different women.
陰蒂的大小、形狀，因人而異。

【名人名句】
The clitoris is pure in purpose. It is the only organ in the body designed purely for pleasure.
就目的而言，陰蒂很單純，它是人體中唯一為了快感而存在的器官。
——美國作家依芙・恩斯勒（Eve Ensler，《陰道獨白》作者）

2-6

陰道

vagina

第 一 女 主 角

「什麼是女人最要好的閨蜜？」

陰道，是女人身體最私密的地方，深藏不露，別有洞天，彷彿一座神祕桃花源。陰道，也是女人的性魅力來源。

神秘的陰道還有一種超能力，神奇地吸納了兩種對比強烈的巨大能量——

第一種：在性交中，陰道讓女性體驗人生最暢快的高潮。

第二種：在分娩中，陰道讓女性體驗人生最深刻的疼痛。

陰道，可謂永遠的第一女主角，也是女人身體的最大功臣。它使女人發揮女性，享受情慾被寵愛；也使女人發揮母性，生兒育女當媽媽。

陰道，身為第一女主角，有四大重要戲份：

1.性交時的管道。

2.分娩的產道，讓嬰兒安全脫離母體而誕生。

3.月經的排出口，讓子宮煥然一新。

4.一座讓性交暢行無阻的拱橋，帶來性高潮。

陰道，哪裡最敏感？

陰道，是一條纖維肌組成的通道；一端連接陰道開口，另一端連結子宮頸。陰道前壁長約7～9公分，後壁長約9～12公分。

陰道最敏感地帶位在前段1/3，及陰道開口附近，有豐富神經支配，是神經末梢集散地；後段2/3，則對觸覺與疼痛較不太敏感。

多數男性一味迷信「本錢越大越好，對方越有高潮」，其實並不正確。性交過程中，陰道被陰莖進入，只有前面1/3會真正產生快感。較長的陰莖即使「鞭長可及」，進入了並不很敏感的陰道2/3後段，也不會提升太多高潮。

陰道能屈能伸，有伸展性

陰道能屈能伸，非常有伸展性，內壁由黏膜構成，有很多縱橫皺褶。平常，陰道處於前後壁塌陷狀態。但當陰莖進入陰道時，伸縮自如的內壁即像帳篷被撐開。

陰道開口，稱為「陰道口」。它在兩片大小陰唇的中央，位於尿道口下方。陰道、陰道口都極具擴張性；分娩時，「芝麻開門」，可擴張到新生嬰兒頭顱通過的寬度。

不少女性常因陰道分泌液不足而乾澀，在性交時便會疼痛。可

藉由塗抹大量潤滑液，緩和抽送時的摩擦力。另外，做愛前若戲
盡量做足，可讓陰道受到足夠刺激，有時間分泌更多愛液滋潤。

| Q&A | 聽說，女生陰道內有一個地方叫G點，受刺激後會覺得很舒服？

G點，位於陰道入口2～3公分前壁處，約一元硬幣大小的區塊；
有些人的G點敏感，一旦觸碰摩擦會誘發高度興奮的反應。據研
究，有些女性聲稱有G點高潮體驗，有些女性從未發現G點。
目前，G點仍是醫學之謎，沒有鐵證，因此不需要執著於尋求G
點高潮，而是要找出自己感覺最舒服的方式。

為了擁有一個香妹妹，要常清洗陰部嗎？

談到女性清洗下半身，首先要認識一下「陰道酸鹼值」，又稱
「陰道pH值」，正常值是3.8～4.4。
陰道呈弱酸性，內部有許多乳酸菌。陰道就靠這些乳酸菌保持健
康、維持濕潤。過度沖洗陰道內部，會破壞正常酸鹼值。維持著
弱酸環境，是陰道的自然保護屏障，可抑制病菌生長。如非必要
不用沖洗陰道，以免破壞陰道的酸鹼平衡。
外陰部，可天天洗，使用溫度適中的清水，不需用肥皂或其他清
潔品，酌量使用也無妨。別聽信名人代言「妹妹需要特別產品來
美白、抗老、殺菌」的推銷廣告。
內陰部，有自潔能力，不需經常清洗。勿把手指伸入陰部搓洗，
或將水沖入陰部清洗，容易造成細菌感染。

有處女膜，才是處女？

處女膜（陰道前膜），覆蓋陰道周圍，薄而有彈性、半透明結締組織，有一或數個孔讓經血排出體外，是女生身體上較沒有實質功效的構造。但卻因為處女情結而變相成為評價依據。

青春期前，女性陰道黏膜還薄弱，無法有效阻擋細菌，此時處女膜較厚，保護還未發育完全的生殖系統。青春期後，生殖系統發育完成，處女膜就逐漸變薄。

女性成年後，處女膜厚度只剩1～2毫米，劇烈運動或性行為都可能造成破損；多數人破處會感到疼痛，但不一定流血。以處女膜存在，判斷處子之身的標準早已過時。

處女膜形狀、厚薄、孔洞大小因人而異，有些人進行較劇烈活動如騎單車、泛舟時，處女膜就會破裂；有些人即使進行性行為，也不易破裂出血。

英文小黑板

陰道：vagina
陰道口：vaginal opening
處女膜：hymen
G點：G-Spot

【生活例句】
Vagina is women's best friend.
陰道，是女生最好的朋友。

女性內生殖器官

female
internal
genital
organs

構造與功能

卵巢

卵巢，是一對杏仁狀的器官，長約2～3公分，分列子宮兩側。主要負責供應卵子、分泌雌性激素和黃體素。女嬰剛出生，卵巢約有200萬未發育的卵泡，青春期會降至40萬。

卵子，是雌性動物的生殖細胞，月經來潮後，卵巢每月會產一粒卵子。女人一生從青春期到更年期，大約生產400粒卵子。

輸卵管

輸卵管，是一對細長而彎曲的管狀器官，位於子宮底兩側，連結卵巢與子宮。精子通過輸卵管與卵子結合成為受精卵後，仍必須在輸卵管運送下，返回子宮著床成功，完成懷孕。

子宮

子宮，是受精卵的發育溫床，也是嬰兒最初溫暖的家：有羊水可以游泳、有臍帶輸送美食、有調節恰恰好的室溫，真舒服。位在骨盆腔中央，於膀胱、直腸之間；呈現倒置梨狀。具有四種功能：生育、月經、內分泌、保護免疫力。

子宮頸

子宮頸位於子宮下方1/4位置，是子宮底部狹窄的通道，連接陰道。女性在性行為達到高潮時，子宮會收縮；子宮頸因此打開，利於精子進入子宮而受孕。

尿道口

尿道口，排泄器官，位於陰道前庭中，為陰道口上方的小孔。平常被大陰唇覆蓋。

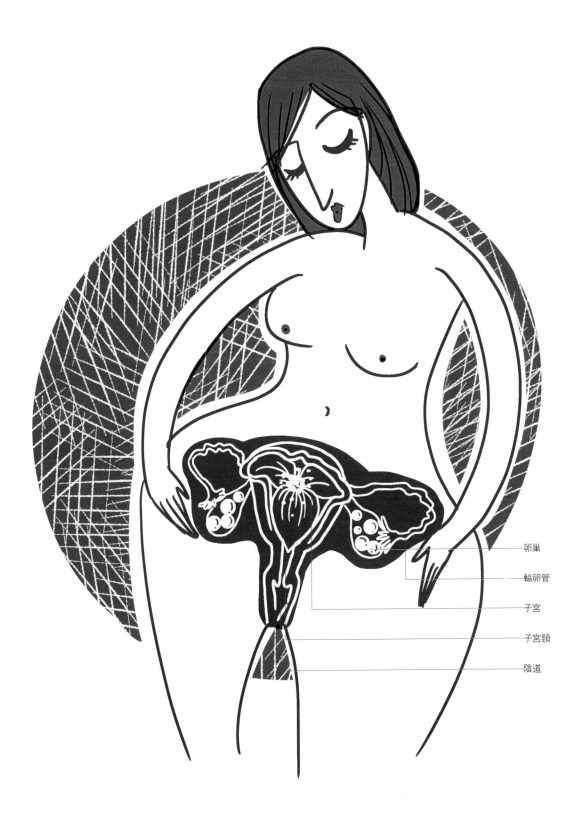

卵巢

輸卵管

子宮

子宮頸

陰道

子宮頸，注意觀望

子宮頸癌，是全世界女性僅次於乳癌最常見的癌症。

目前已知子宮頸癌的形成，與人類乳突狀病毒（HPV）密切相關。造成危險原因如下：多重性伴侶、太年輕發生性經驗、抽菸、長期使用避孕藥等。

目前衛生署核准之子宮頸癌疫苗使用對象是9～26歲。一般而言，越早接種疫苗，抗體產生的抵抗力越高，最好於未有性行為前接種，最佳接種時間為10～14歲。

英文小黑板

卵巢：ovary（複數ovaries）

卵子：ovum / egg

子宮：uterus / womb

子宮頸：cervix

【生活例句】

Each woman has two ovaries.

每個女人都有一對卵巢。

【名人名句】

Life is the journey between darkness of the womb and darkness of the grave.

人生，是一趟介於子宮與墓穴幽暗間的旅程。

——伊拉克醫生阿拉‧巴塞（Ala Bashir，也是藝術家）

乳房

breasts

維 納 斯 的 驕 傲

不少女生悠然嚮往，成為羅馬神話中的愛神、美神──維納斯的化身。

維納斯大理石雕像裸露上半身，線條完美，令世人驚嘆。據專家測量，維納斯乳房恰好位於身體黃金分割線上，乳型豐挺；無論從哪個角度看，胸脯都完美。

這份「維納斯的驕傲」通常會為青少女帶來喜悅，享受乳房發育的變化，嚮往胸部成熟後的女性美。但對有些青少女，「維納斯的驕傲」可能成為一種負擔，備受壓力，不夠滿意自己的乳房。

乳房，緊貼著心臟；不妨想成這是造物者精心設計，希望女生「用心」對待乳房，放開胸襟，去體認「乳房是女性體態的重要象徵」，無論大小、曲線、型態、外觀都應安然自得。

雌性哺乳動物都具有乳房，主要由乳腺、脂肪、結締組織構成。乳房能夠分泌乳汁，育養後代，貢獻巨大。

女生到了青春期，乳房最先發生變化，「搶得頭香」。約在國小五、六年級乳腺開始發育，脂肪增多，乳房逐漸隆起，富有彈性。乳頭隨之變大突出，乳暈也擴大，顏色由淡褐色變深棕色、薔薇色。有的女生乳房發育較晚，不必過早擔心。

乳房，並非女性生殖器官。但乳房，是女性最重要的第二性徵，也常被列入女性僅次於性器官最敏感的部位。因此，乳房主題出現在這一章中。

影響乳房的因素

影響女性乳房大小的因素，主要來自天生遺傳、荷爾蒙變化，也與後天營養、運動鍛鍊有關。

青春期女生很在乎別人對自己身體的看法，尤其胸部是最明顯的第二性徵，容易成為煩惱之源。無論乳房發育太早或太晚，尺寸太大或太小，都有人為之煩惱。

其中，包括為乳房一大一小憂心，其實兩側乳房本來就不完全一樣大。因心臟血管壓力，一般都左大右小。

不要彎腰駝背

有些女生在國中階段因胸部發育較快，憂慮胸線凸顯，遭人側目，時常害羞，刻意縮胸駝背，或穿過緊內衣、束胸遮掩。等升到高中、大學發現有駝背現象，追溯原因，便是在國中乳房發育時養成了縮胸習慣。

青春期女生應常自我提醒：不要彎腰駝背，把握仍在發育的時期，導正姿勢，使終生的身形優美健康。

　　在主觀上，青春期女生要學會堅定接納：「乳房是我的身體一部分，需要我的呵護、疼惜」。至於尺寸，也要自我鼓舞：「它如果豐滿，我就挺身而出；它如果沒那麼豐滿，我也不必覺得委屈」。

　　女生從青春期邁向成年後，青澀乳房長成了渾圓果實。若懷身孕，3～4個月左右乳房更豐滿，有點脹痛，乳頭間距變寬、乳暈變大顏色加深。乳房下方細血管越為明顯，正儲存豐沛乳汁，準備餵養新生兒。

　　乳房疼痛（跟經痛一樣）也會造成少女情緒波動。乳房引起疼痛，是乳房門診最常聽見的主訴症狀。可能原因：青春期乳腺發育增生、月經前後、懷孕最早徵兆之一、乳房體積過大、乳腺炎。

乳房與乳頭，帶來愉悅

　　女性的乳房和乳頭，也在性生活中扮演重要角色。乳頭，又稱「奶頭」，神經末梢分布豐富；在刺激、愛撫、親吻下很快有反應，萌生快感。乳頭，是女性重要的性感帶，被稱作「女性上半身的陰蒂」，意指女性亢奮時，敏感乳頭會如陰蒂一般勃起，變硬凸顯。

　　男性的乳頭亦是如此，因分布神經末梢，也會在挑逗觸弄之下，感到刺激而變成硬挺。

　　但女性乳頭激凸，不能全部解讀為慾火上升，有可能是衣服摩擦而敏感，或因感到寒冷。

我正在發育，內衣都是媽媽買的，但我很想自己挑選。

女孩選內衣，應注意哪些事？

有一種內衣，專為乳房開始發育的青春期女生設計，叫「少女胸罩」。少女胸罩通常都很輕，挑無鋼圈或軟鋼圈，穿起來舒適，不會壓迫乳房成長。青春期女生穿內衣的重點，是要對胸部起保護作用。

之後，可根據胸部發育情況更換內衣尺寸；當胸形豐碩到一定程度，就可改穿有支撐效果的鋼圈內衣，使乳房固定、易於塑形。但有些成年女性覺得鋼圈較硬，有束縛之感，也會交叉穿有鋼圈、無鋼圈內衣。

聽說青春期的乳房也會發現不痛的腫塊，會是乳癌前兆嗎？

在青春期發育階段，摸到乳房有腫塊，絕大多數屬於正常乳腺變異、纖維囊腫。若是年輕族群，九成為良性；若四十歲以上，乳房硬塊為非良性機率增大，宜就醫檢驗。

乳癌，位居女性罹癌首位。女性若摸到硬塊，多不當一回事而延誤治療時機。女性應常做自我檢查，乳癌早期治療治癒率很高。根據統計，乳癌最常發現部位是在雙側乳房的外側上方。

學校沒教
的事

乳房罩杯，知多少？

女生要買內衣，必須瞭然於「胸」，知道自己胸罩是多少。
女性內衣胸罩，由兩組數字組成：一是胸圍，二是罩杯。
胸圍部分，以軟尺丈量。

上胸圍量法：通過乳房最高點，環繞身體一周。

下胸圍量法：通過乳房下緣，環繞身體一周。

接下來，把上胸圍減去下胸圍所得的數字，對照下方表格落在A、B、C、D、E、F、G、H，就是幾號罩杯。

根據調查，東方女性以B、C罩杯占主流。

國內通用《國際通行尺碼》，公分換算為吋：1吋＝2.54公分。

譬如下胸圍75公分，等於34吋。

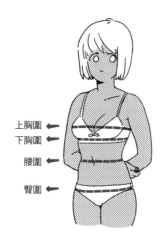

罩杯大小	上胸圍（cm）－下胸圍（cm）
AA	差7.5 cm
A	差10 cm
B	差12.5 cm
C	差15 cm
D	差17.5 cm
E	差20 cm
F	差22.5 cm

乳房：**breasts**，口語說法：**boobs**

乳頭：**nipples**，口語說法：**tits**（均用複數）

胸罩：**bra**

罩杯：**cup**

【生活例句】

It is common that one breast is larger than the other.

兩邊胸部大小不一樣，屬正常。

【名人名句】

You start out happy that you have no hips or boobs. All of sudden you get them, and it feels sloppy. Then just when you start liking them, they start drooping.

剛開始，沒長屁股和胸部時，妳還挺開心。忽然間，有了它們，妳感到累贅。當妳正要喜歡它們時，它們卻開始下垂了。

——美國超模 辛蒂·克勞馥（Cindy Crawford）

Chapter 3

(生理現象)

physiology

夢遺 wet dream

月經 menstrual cycle

性荷爾蒙 hormone

精液 semen

精子 sperm

3-1

夢遺
wet dream

男孩洗內褲，媽媽不要問

人生中任何事情都有「第一次」，第一次總帶來特別的感覺、意義和回憶。

對男生而言，有一種「第一次」經驗尤其難忘，就是「第一次夢遺」，可算得上一場奇遇記。

男生第一次夢遺，不免驚慌失措，有的聯想起小時尿床，感到挫折；有的隱約記得亢奮的夢境，感到害羞；有的猶如身處虛無縹緲中，感到茫然。

雖然，男生可能事先讀過《健康教育》課本，理論上知道夢遺如何發生，不過等到真正發生在自己身上，仍有說不出的奇異滋味。

人們常說「春夢了無痕」，夢遺這件事卻是「春夢了有痕」；凡「流」過必留下痕跡，夢遺是有跡可尋的。

經歷過第一次夢遺的震撼後，男生漸漸會習慣半夜或清晨醒來，下腹一片涼涼濕濕的那股感覺。面對失守了的內褲、床單，儘管尷尬，也明白了這種生理現象是「正常來訪」。

有時候，當男人回想起成長中這一段「流精歲月」，還頗懷念這些美好的青春記憶呢。

夢遺，又稱「遺精」，指青春期男孩在睡眠（或似醒非醒）狀態中，射精中樞受到興奮刺激，而自動射出精液。

早晨起床後，若發現內褲或被單濕透了有黏稠物，或已經乾了呈現乳黃色，就是夢遺痕跡。

夢遺，是男孩性發育成熟的象徵，也是成長過程中的正常現象。男生有夢遺，一如女生有月經，沒有害處，再正常不過，少年ㄟ安啦！

儲精囊滿時，精液自動排出

青春期的男孩是一個「很會存錢的撲滿」，開始發育男性荷爾蒙，睪丸有效率地製造精子，經由輸精管送至末端的壺部存放。

當精液儲到足夠時，有時被身體自行吸收；有時趁睡覺時肌肉、神經鬆弛了，藉由不自主射精將過多精液排出。這就跟洗手台水滿了，自動溢出一樣。

夢遺發生的次數，因人而異，不需為次數多寡而耿耿於懷。

如果，想避免夢遺的話

夢遺，有時跟做春夢，引起生理反應有關；有時單純因身體被床單摩擦或脹尿，導致射精。一天中任何時間睡著了都可能發生夢遺，不限於夜間睡眠。

如果真的想避免夢遺，上床前少喝水，盡量穿寬鬆內褲，睡前少看帶有性刺激的圖像、影片、文字，都能減少夢遺次數。

即使，夢遺是因做了與性有關的夢，醒來也無須內疚或有罪惡感，或以為做錯事。

男孩自慰時，常以射精方式，讓精液流出；若不儲存到滿水位，就降低了夢遺頻率。自慰較頻繁的話，也可能發現自己沒什麼夢遺。

　　成年男人還有夢遺，也是健康現象。

經常夢遺，會不會因流出太多精液，身材變成乾扁四季豆？

夢遺，就像把滿水位的水庫做調節洩洪一樣，每次都是有流量管制的；不會整個水庫一直流光。
放心！你的身體不會有任何部位變乾扁。

男孩會夢遺很正常，那女孩也會有夢遺嗎？

女性也會有夢遺，稱為「女性夜間高潮」：引起肌肉緊張、陰蒂勃起；陰道除劇烈收縮，也分泌黏性濕液。這種情況，被視作女性的夢遺。

剛開始夢遺，早晨起來發現內褲黏黏濕濕，很煩惱該怎麼處理？

很多男孩開始有夢遺後，養成了半夜、清晨起床，自己洗內褲的習慣。男孩可多準備幾條內褲換穿。
希望有青春期兒子的父母們也能看到這一段，有所默契，「吾家有男初長成」，理解是怎麼一回事，盡在不言中，不用道破。

學校沒教的事

夢遺好自然

人類男性並非唯一會發生自發性射精的動物，老鼠、貓以及大部分哺乳類動物都會在睡眠中產生射精行為，這種現象在動物的青春期最為常見。2012年7月，日本京都大學的科學家在御藏島海域拍攝一部關於海豚的紀錄片時，首度捕捉到一條雄性寬吻海豚在昏睡間突然射精的畫面。

性啟萌

夢遺：醫學用語為nocturnal emission（夜間釋放），一般口語 wet dream（春夢）

【生活例句】
Wet dreams can happen at any age.
任何年紀都會發生夢遺

【名人名句】
Surrealism in painting amounted to little more than the contents of a meagerly stocked dream world: a few witty fantasies, mostly wet dreams and agoraphobic nightmares.
超現實主義繪畫只比一個內容堪稱貧乏的夢世界豐富一些：除了一些詼諧的幻想，大多是春夢和曠野恐懼症患者的惡夢。
——美國作家蘇珊・桑塔格（Susan Sontag，女權主義作家、文化評論家）

月經　menstrual cycle

女人一生中，那些好日子

談到月經，多數女生要皺眉頭。但別煩心，先來認識一位新朋友：古典小說《紅樓夢》最有名的青少女——林黛玉。

小說中，稱呼林黛玉第一次月經為「好日子」，是把「好」字拆開變成「女」、「子」兩字，成為了「女子日子」。

為什麼章回小說會特別注意林黛玉的初經呢？原來長輩賈母等人準備為她舉辦成人儀式，才緊盯著日子。從古至今，女生第一次月經都算「女子日子」，又是人生大事，自然是「好日子」。

月經來了，乃女子發育成熟的主要特徵，是好事，也是喜事；有些民族慎重看待，如猶太人以家族聚餐、日本人煮紅豆慶祝。現代很多婦女團體建議為孩子初經慶祝，肯定女孩的成長。

不過，也有某些傳統觀念視月經為「女人最倒楣、最麻煩的一件事」，覺得月經骯髒、噁心、羞恥，讓女生飽受污名化之苦。

既然月經使「女孩蛻變為女人」，是女性成熟的重要標誌，女生便應該感到自豪，而不是自慚形穢。女生常稱月經「好朋友」，這是好說法。看看《紅樓夢》吧，不也把經期說成「好日子」，而非煩心日嗎？若能如此轉念，女生對月經的感受將大不同。

　月經週期，簡稱「月經」，指女生每個月都會有規律的陰道流血。

月經，從何而來？為何月經會流血？為何月經有週期？

女孩進入青春期後，腦下垂體會分泌激素，帶動子宮內膜成長，準備孕育胎兒。如果當月沒有受孕，子宮內膜就失去功能，會崩壞脫落；伴隨著出血，經由陰道排出體外。因週期為一個月左右，稱作「月經」。

第一次初經的年紀

第一次月經稱「初經」或「經期初現」，台灣女生第一次月經平均年齡約在11～14歲。起先幾年，因荷爾蒙分泌、生理結構不穩定，月經週期較為不規律。逐漸穩定後平均月經週期約28天。如提前或延後一週，都在正常範圍。

每位女生的「月經期間」，一般俗稱「生理期」，也就是「月經來潮」日期都不一樣。無論年紀大小，瞭解並記錄自己月經週期有其必要。現在有許多免費的生理期記綠APP很容易上手，除了能記錄月經歷史週期、計算月經平均天數，更能預測排卵期和安全期。必要時能夠提供數據資料給醫院參考，相當有用。

月經沒來，可能懷孕了

一般口頭說「月經沒來」或「那個沒來」，意味發生性行為後，卵子已受精，也就是已懷孕了。

懷孕後，母體內的「小搖籃」──子宮內膜會就定位並開始啟動，發揮該有功能：為了讓受精卵著床，形成胎兒保護罩，子宮

內膜會開始變厚，血管也會增生。此時，子宮內膜自然不會剝落出血，月經現象便停止。

這是為何女生以「月經沒來」，判斷為可能懷孕的訊號。若要確認是否懷孕，可用驗孕棒初步判定，在台灣一般藥局甚至便利商店都買得到；若驗出兩條線，則盡快到婦產科掛號，進行進一步檢查。

一般經期出血在3～6天之間，出血量約50～60毫升（CC）。每個人月經出血量不相同，即使同一個人，每次月經出血量也不會都一樣。這段期間，要勤快換衛生棉，量多時隔一、兩小時可更換。保持乾淨清爽不僅健康，也有益情緒放鬆。

月經期間，身心起變化

在月經期間，女生身心會有微妙變化。生理方面，如疼痛（俗稱「經痛」）、乳脹、腰痠、食慾減退等；心理方面，如焦躁、抑鬱、易怒、衝動等。

女生如能預知會有這些變化，「先讀過劇本」，到了生理期，情緒起伏就算依舊存在，也不至於太被情緒左右。

女人從初經到停經，長達40年左右，一生約有400次生理期。

女性到了50歲左右，卵巢功能衰退，無法製造分泌女性荷爾蒙，因此月經不再來了即為停經。由於荷爾蒙從有至無，會讓女性在停經的4～8年間產生身心變化，這段期間稱作「更年期」。

出現以下兩種狀況需多留意，為安全起見，宜請教醫師：

1.月經過多：有可能牽涉荷爾蒙失調。

2.月經不規則：一般月經來遲一點、早一點不在此限。這是指一個月來兩次月經，或月經出血不止，或兩次月經之間有出血。

　　衛生棉和衛生棉條，兩種有什麼不同？

衛生棉、衛生棉條，都是女性月經期間使用的衛生用品。

衛生棉是一種棉紙漿製成具有高吸力的長方形片狀物，經期間可貼於內褲，吸收陰道口流出的經血。

衛生棉，分日夜使用。選用衛生棉大小，可根據流量多少，分為普通型、一般流量、大流量。建議3小時更換一次。若更換時間拖長，容易因潮濕悶熱，造成感染發炎。

衛生棉因滅菌性效用有限，購買時要注意有效期限，一次不宜購買太多，也避免儲藏在潮濕的廁所。

衛生棉條，簡稱「棉條」，是一種純棉質的圓柱狀物，置入陰道，吸收經血。棉條下方有一個拉繩，不會掉入陰道內取不出來。使用時，拉繩不能剪斷。使用可長達8小時，量多時每2～3小時更換，量少時每4～6小時更換。

在經期時使用棉條比使用衛生棉在行動時更方便，可照常游泳、泡湯、從事戶外活動。棉條也能讓外陰部保持乾爽，減少異味。女性尿道口與陰道口不是同一個出口，小號時無須將棉條取出，只要將拉繩輕輕拉往旁邊，避免尿液沾到棉條或拉繩即可。

現在很流行月亮杯，請問它是什麼？要如何使用呢？

月亮杯，正式名稱為「月經杯」，是一種塞進陰道、接住經血的量杯。以透明矽膠製成，手捏杯口即成對折，輕鬆塞入陰道。杯底設計一個溝環，輕輕一拉就能取出。取出時，稍微旋轉一下，解除真空狀態，便不會感到疼痛。

標準型，適合30歲以下經血少的人；月經量大的人則需比較大的滿月杯。月亮杯，比衛生棉、衛生棉條更環保。

我還沒有來第一次月經，擔心出門後突然就來了，那該怎麼辦？

可事先準備一個小包包，放生理褲和衛生棉，隨身攜帶。
如果在家中無預期初經來了，流一些血，也請勿驚慌，這是正常生理現象。放鬆心情，按照清潔衛生步驟處理即可。
如果在學校發生初經，可向老師報備，請學校醫護人員照料。

月經期間，應養成什麼特別的衛生習慣嗎？

保持清潔，照常沐浴。以淋浴代替盆浴。
適度清洗陰部，不宜過度。
外用或內用毛巾，應勤快更換。
每天換內褲、衛生棉，更換後請洗手。
隨身準備濕紙巾，或市售局部專用弱酸性潔膚巾，必要時擦拭，避免產生異味。

女生到了生理期，有什麼事該注意，盡量不做？

在生理期間，洗完頭髮立即吹乾，並注意身體保暖。
忌喝冷飲，冰水會讓經血無法排出，積留體內，影響健康。減少疲勞，過勞可能導致經期延長。
避免情緒化，在經期前幾天，壓力和情緒反應可能戲劇化升高，容易焦慮、激動。保持心情平穩，少發脾氣，以免擾亂經期。

生理期用品大評比

目前台灣市面上可見的生理期用品大致分四種：衛生棉、布衛生棉、衛生棉條、月亮杯，以下從「使用便利度」、「舒適度」、「使用壽命」等方面來比較。

用品	使用方法	更換頻率	使用壽命	舒適度	便利度
衛生棉	貼在內褲上，視經血量多寡更換	2～3小時	2～3小時	低	高
布衛生棉	以鈕扣或魔鬼氈固定在內褲上，用畢浸泡清洗晾乾	2～3小時	2～5年	低	低
衛生棉條	放入陰道，視經血量多寡更換	4～6小時	4～6小時	中	中
月亮杯	折疊後放入陰道，待經血蓄滿取出倒掉，清洗後繼續使用	4～6小時	5～10年	高	中

月經週期：period ，或稱MC（menstrual cycle之縮寫）

衛生棉：maxi pad / sanitary napkin

衛生棉條：tampon

月亮杯：menstrual cup

【生活例句】

I am on my period.

我正在生理期。

【名人名句】

Women complain about pre-menstrual syndrome, but I think of it as the only time of the month that I can be myself.

女人會抱怨經前症候群，但我覺得這段時間是一個月中，我唯一能作自己的時候。

——美國演員蘿珊妮‧巴爾（Roseanne Barr，以「蘿珊妮」同名喜劇走紅）

性荷爾蒙

sex hormone

我變、我變、我變變變的魔法

一對情侶或夫妻起爭執、鬧情緒，男生很可能嘴巴不說，但心裡嘀咕：「她八成那個來了？！」、「陰陽怪氣，荷爾蒙失調吧！」用略帶戲謔的這種想法，讓自己心裡好過一點。

且慢，就這樣全推給女生嗎？恐怕，男生未必脫得了干係，也可能是他體內男性荷爾蒙作怪，較具侵略性，平常不會大聲講話突然間就吼了一句，搞不好他才是元凶。

一碰上衝突，便把責任推給荷爾蒙的習慣，男女皆然。荷爾蒙真扛了大黑鍋！其實，它對人類有了不起的貢獻，感謝都還來不及。

「荷爾蒙」這個詞，人們耳熟能詳。但若要回答「荷爾蒙如何做工？」、「怎樣發揮妙用？」等問題，大概很難詳答。

荷爾蒙有許多種，在人體內各自分工。其中，性腺分泌的「性荷爾蒙」最具神奇力量。

如果把青春期的身體喻為一座工廠，「性荷爾蒙」就是負責管理、調度的廠長，指揮女生分泌雌性激素、黃體素，指揮男生分泌雄性激素。廠長也會下令睪丸開始製造精子、下令卵巢開始製造卵子。其他像女生乳房隆起、男生陰莖變粗、陰毛長出、月經與夢遺等，一拖拉庫都是廠長的職務，荷爾蒙管很大。

青春期的男生、女生總會覺得哪裡不太對勁：突然意識到以前不太注意的異性存在，接著開始覺得蠢蠢不安，體內似乎有一股莫名情緒在洶湧？

啊，原來是荷爾蒙大神在暗中作法，呼風喚雨了。對青春期男女來說，荷爾蒙就是宇宙主宰。

荷爾蒙，為青春期帶來許多美妙感覺，但伴隨而來的也有煩惱，例如初戀的折騰、情緒的善變、青春痘的威脅等，憂喜交加。

性荷爾蒙分兩種：雄性激素、雌性激素

荷爾蒙，也稱「賀爾蒙」，又稱「激素」。性激素分為兩種：雄性激素（男性荷爾蒙）、雌性激素（女性荷爾蒙）。

荷爾蒙，是人體內各器官之間傳導訊息的化學素，由內分泌製造，透過血液循環，輸送到身體各部位，以維持身體細胞的協調。

荷爾蒙對身體的生長、代謝、發育和繁殖有重要功能；其中，「性荷爾蒙」是A咖經紀人，性慾、性能力是他旗下兩大台柱。

性衝動，真叫青少年興奮又苦惱。不消說，這股衝動又是「性荷爾蒙」在暗中主導好戲。每個人出生就具性衝動，只是微量不易察覺。一進入青春期，「性荷爾蒙」分泌量激增，性慾也會隨之增強。

當「性荷爾蒙」這種神祕化學物質進入青春期後，化身為一位魔音DJ，操控著第二性徵，便促成青少年、青少女身體發生一連串變化。

這些變化會拉拔體內外尚未完全發育的性器官、性機能和生殖

系統，催促果實快點成熟長大。

男女體內，都有少許異性激素

男生、女生的體內，都有「性荷爾蒙」。男生的「性荷爾蒙」大多由睪丸製造，稱作「睪固酮」，少量由腎上腺分泌。女生的「性荷爾蒙」由卵巢製造。

不過，無論男女體內，都有少許異性的激素。男生體內有少量雌性激素，女生體內有少量雄性激素，作用在幫助身體內部新陳代謝。

例如，女性體內有雄性荷爾蒙，當然不是來自睪丸，而是由腎上腺製造。雄性荷爾蒙在青春期最為活躍，青少女很容易臉上出油，冒出青春痘。為了愛美，不時在戰痘。

荷爾蒙有漲潮，也有退潮。女性到了更年期，卵巢便不再排卵，女性荷爾蒙因而減少。男性荷爾蒙也是如此，15～30歲達到顛峰，30歲後隨年齡下降，每年約降1～2％。下降速率因人而異，但不至於完全沒有男性荷爾蒙的情況，除非睪丸有受到一些傷害。

如果想補充雄性激素、雌性激素，可以透過食物攝取嗎？

能促進補充雄性激素的食物：

1.含膽固醇較高的動物內臟，因膽固醇是合成激素重要配方。

2.含鋅量高食品，如海鮮類、貝類（牡蠣）、牛肉、牛奶、蛋黃。

3.含鋅量高植物，如豆類、花生、小米、蘿蔔、大白菜、馬鈴薯。

4.含精氨酸食物，此類食物有黏滑特性，如章魚、海參、雞肉、凍豆腐。

能促進補充雌性激素的食物：

1.低脂肪食物。

2.高纖維食物，如蔬果類。黃豆製品、目蓿芽、山藥、蘋果、櫻桃、茴香、芹菜、荷蘭芹、五穀雜糧。

雄性荷爾蒙的分泌，會影響雄性禿嗎？

雄性禿，指前額髮際漸往後退，或頭頂毛髮變稀疏。現已改稱「雄性基因禿」，有三大成因：遺傳、荷爾蒙、年紀。

一般雄性禿在青春期之前不會發生，因還沒有足夠男性荷爾蒙；但在青春期後就會出現。遺傳性的雄性禿掉髮，多發生在25～35歲間。

目前為止，雄性禿無法完全治療；但越早治療，越能防止掉髮惡化趨勢。人們對雄性禿成因，應有以下正確認識：

1.並非洗頭沒洗乾淨或毛囊阻塞造成，也與燙髮、洗髮精無關。

2.掉髮而禿不是單純老化現象，而是荷爾蒙造成的變化。

3.女性也會有雄性禿，稱「女性禿」。多發生在青春期後，及產後婦女、熟齡女性身上。

荷爾蒙，使人醒來

荷爾蒙（hormone）這個英文字值得多認識一下。它源自希臘文，意思是「刺激、激活、使人醒來」。雄性激素，主要維持男性特徵，且對外界刺激和周遭環境極為敏感，這也就是為何男生容易產生反應；而雌性激素則讓女性肌膚光澤有彈性，並且安定自律神經、放鬆身心。

相較於男性睪固酮較可能引發飢渴般性慾，女性出現強烈性慾的情況較少見，但女性當然有基本性慾存在。這和雌性激素分泌有關：雌性激素使女性渾身上下散發吸引雄性的氛圍。

英文小黑板

荷爾蒙：hormone
男性荷爾蒙：male hormones
女性荷爾蒙：female hormones
青春痘：acne / pimple / zit
性衝動：sexual drive

【生活例句】
Some young people are under almost total control of hormones.
有些年輕人幾乎受到荷爾蒙全面控制。

3-4

精液

semen

男性的瓊漿玉液

有一陣子，人們講到精液有點古怪，好像是美容聖品。網路盛傳精液可敷臉美白，還能豐胸除斑，傳得熱鬧滾滾，說的跟唱的一樣。

若照這樣說法，男人豈不都成了24小時製造量源源不絕的美容業大亨？說得悲慘一點，成了一隻受壓榨的乳牛？

醫界指出精液裡含蛋白質，有些營養成分；但營養份量比一粒雞蛋多不到哪裡，對皮膚保養起不了什麼明顯作用。

真相大白了：精液根本沒在兼這種副業，這類傳說也被正式視為荒謬流言。

回歸基本面，來見識精液真正的專業面目吧！精液的貢獻可謂「春秋大業」：男性精液中含有數量龐大精子，跟女性體內卵子結合後，形成受精卵；受精卵在子宮內孕育成熟後，誕生小baby！人類能夠繁衍後代，永續生命，精子與卵子都居功厥偉。

精液，是雄性動物射精，經由陰莖尿道射出的一種體液。以人類而言，精液是男人之寶，說是「男性的瓊漿玉液」也不為過。

大家常以為精液、精子是同一樣東西。其實，精液是男性射精時產生的混合體液，精子包含在精液之中，兩者不能混為一談。

更具體地說，精液是男性高潮時從陰莖射出來的液體，呈現乳白色蛋清、具黏稠性的液狀物。而精子，是在這一灘灘黏稠液體大海中游動的上億條精蟲。

精液，含有精子、精漿兩種成分。記住這一條公式：精液＝精子＋精漿。（精子詳見下一篇〈3-5精子〉）。

精漿

精液，主要成分是水，呈現看得見的乳白色。像蛋清稠狀就是「精漿」，專門供應營養補品給精子。

精漿，由儲精囊、前列腺分泌。精漿中，有一大堆精華好料，十根手指都數不完，如脂肪、乳酸、果糖、前列腺素、維生素C、膽固醇、荷爾蒙、檸檬酸、胺類、游離態氨基酸和鋅等微量金屬。這樣看起來，精子吃得很好咧。

精液，為何黏黏的？

精液具有黏性，別小看這種「黏黏的」，它是造物者的神奇設計！精液含有一種成分叫「凝固酶」，男性射精後，凝固酶會迅速凝固精液，成為膠凍狀，阻止精液從陰道內溢出。進入陰道後凝固作用再經由酵素還原成液體，精子即可不受拘絆地游出，奮勇衝刺，與卵子結合為受精卵。

精液，是鹼性的。帶鹼精子進入酸性環境的陰道內，就不會被酸到翹辮子，可以維持生命力圍攻卵子城堡。同時，精漿中的成分也扮演著酸鹼緩衝的功能，來調節陰道內的環境。

精液每次噴多少？

健康男性一次射精量約1～2茶匙，間歇性噴出，間隔少於一秒，約連續噴發4～5次。

射精量與精液庫存有關，如性交或自慰頻繁，射精量就會減少。禁慾，也影響射精，禁慾時間越長，射精量越多。其他如體力狀態佳、亢奮程度高，都會增加射精量。

年紀越大，射精量越少。這是人體自然的衰老現象，並非病狀。健康男性一生中平均約射精7200次。每次射精，消耗熱量約5～10卡路里。每天的精液濃度不盡相同，多喝水精液就變稀，少喝水精液就較稠。

受精，給我們的啟示

受精過程，是一場上億精子參加的馬拉松大競賽，萬頭鑽動，都爭取努力勝出。最後由體力最佳、最有戰鬥精神的那一條精子勝出，與卵子送入洞房。

這場歷程，表示每一個人出生前，就已經在上億競爭者當中脫穎而出，都是億中挑一的冠軍。

一條冠軍的精子造就了我們，我們還未誕生已是「勝利組」；對於自己日後的人生絕不能妄自菲薄，要永遠感到驕傲，當初每一個人都已贏在起跑線上。

射精時，尿液和精液會不會一起排出？

尿道具有排尿、射精的雙重功能，難免有人疑惑：射精時，尿液會不會與精液一起排出體外？

這個問題是多慮了。射精時，不會有尿液跟著噴出。男性想排尿，是大腦皮質接受膀胱飽脹的神經訊息，才會下達指令，允許尿道括約肌鬆弛舒張，把尿液通通趕出家門。

射精那一刻，大腦皮質不會「樂昏了頭」：它瞭解當下條件不允許排尿，會指揮膀胱「等下才輪到你，繼續憋緊一點」。

精液的正常顏色為何？如略微變黃，表示不對勁嗎？

所有男孩可能都出自好奇，近距離觀察過自己的精液。

精液的正常顏色，是半透明如蛋清般的乳白色或灰白色。如果禁慾、久未射精（超過三天以上），精液或許略帶黃色，較為黏稠。

如精液呈現淡紅、鮮紅色，有可能是攝護腺炎或儲精囊發炎引起，應儘速就醫檢查。

精液為何聞起來有一股怪味道？

精液，聞起來有一股濃郁氣味。討厭的人避之唯恐不及，但也有人不排斥。

有人覺得精液聞起來感覺像石灰水、漂白水的阿摩尼亞味道，強烈嗆鼻。這是因精液中有一種「精氨」化學物質，而漂白水就含有氨的成分。

精液可以吃嗎？

如前所述，精漿中充滿各種營養素、高蛋白，因此理論上來說可食用 ，但仍須尊重性伴侶是否偏好此道。於此同時，男生倒是可以讓自己的精液更可口：抽菸喝酒會讓精液味道變差，而健康飲食和生活則會改善精液味道。

另一方面特別提醒，精液也是性傳播疾病的媒介之一。若精液內有細菌或病毒污染，如含有淋菌、梅毒螺旋菌的精液，會導致淋病性咽喉炎、口咽梅毒。性傳播疾病不單靠陰道性交傳播，不安全口交和肛交同樣有性傳播疾病的風險。

英文小黑板

精液：semen
射精：ejaculate（名詞：ejaculation）
尿液：urine

【生活例句】

A semen analysis is often recommended when couples are having problems getting pregnant.
當一對夫婦有受孕困難的問題時，常會先進行精液分析。

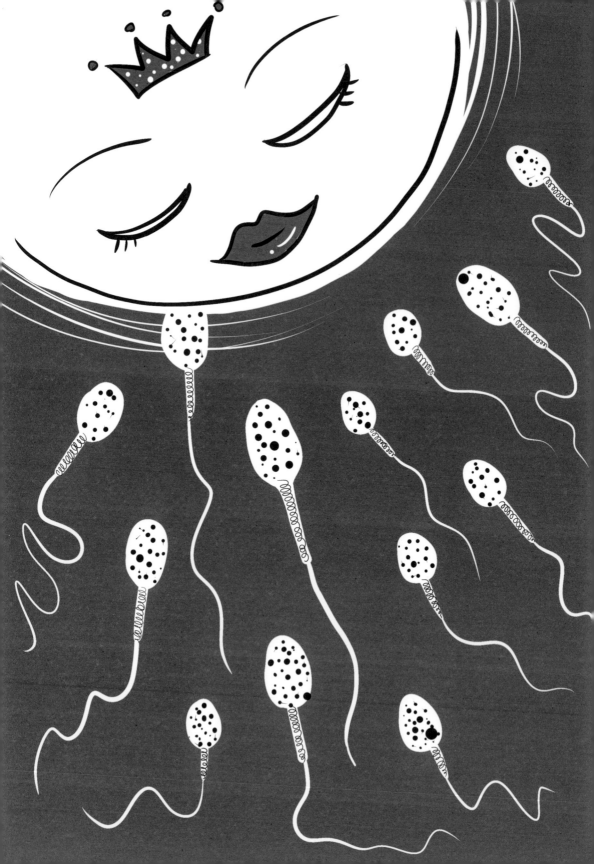

3-5

精子

sperm

找尋公主的勇者

美國導演伍迪·艾倫（Woody Allen）自導自演的電影《性愛寶典》（Everything You Always Wanted to Know About Sex* 〔*But Were Afraid to Ask〕）。這部經典喜劇耐人尋味，值得觀看。

片中，伍迪·艾倫扮演男人體內一隻戴黑框眼鏡、個性有點神經質的精子，準備發射出去卻一臉憂傷。他擔心被保險套捕捉、被夢遺流出、更怕「被噴到天花板去」，這一條精子真是神經兮兮。

做為一條精子，其實根本沒時間擔心那麼多！它只有一次機會，跟多達二億的眾家兄弟競爭，衝向終點線。

絕大部分的老弱殘病會沿路被淘汰，攻進卵子周邊時已寥寥無幾。每一條精子都使出吃奶力氣，彷彿在找雞蛋縫隙，拚命鑽進卵子。

混亂中，終於有一條「億中選一」的勇者成功突圍，與「卵子公主」喜相逢。

精子，又稱「精蟲」，是雄性動物的生殖細胞，在低倍（100倍）顯微鏡下即可觀察到。長約0.05～0.06毫米（約人類頭髮直徑一半），狀如蝌蚪。

精子，區分為三段

精子，區分頭中尾三段，各司其職：

頭部：橢圓形，含細胞核，攜帶23條染色體遺傳基因。

中段：有大量粒腺體，以提供能量。

尾巴：細長如鞭毛，具運動能力，提供動力驅動精子往前游動（時速20公分）。

在哺乳動物中，後代的性別由精子決定。

精子、卵子各有23條染色體，最後一對為「性染色體」。精子的性染色體決定了下一代的性別。我們生而為男、生而為女，都由父親的染色體在操盤，不是母親這一方決定的！自古以來，生不出兒子都責怪女人，是莫須有罪名。

男孩何時開始製造精子？

一般來說，男孩約12～14歲時，睪丸開始製造精子。睪丸製造的精子會經過副睪的運送，才算成熟。

男孩只要開始能射精，體內有在製造精子，表示12～14歲的男孩已能讓人受孕，不再是兒童了，這一點應該特別留意。

男性過了40歲後，精子數量逐漸減少，不過一直到70多歲還能持續製造。男人從青春期起之後的一輩子，精子從沒停止生產，忠心跟定了主人。

精子在低溫冷凍下，壽命能夠長達數年。這些精子存放在精子銀行，有的來自男性基於健康或結紮前取精，以備後用；有的來自精子捐贈者，提供不孕者受孕之用。當男性出現不孕症，就是指精蟲稀少、活動力太低。老公若有此症狀，老婆就可能採取人工受孕。

精子影響下一代這麼深，那怎樣能培養出健壯的精子？

注意溫度，注重飲食。

人體正常體溫37℃，陰囊最理想的環境維持在約35℃，精子就能長得頭好壯壯。

為了讓精子保持最佳狀態，不宜穿太緊內褲、勿頻繁泡溫泉和熱水浴，也不宜久坐或長時間開車。這些都會使陰囊溫度升高，影響精子質量，造成「蟲蟲危機」。

適當體重、均衡營養很重要。建議吃多葉蔬菜，如菠菜、豆類、紅蘿蔔；水果如橘子、草莓、櫻桃、香蕉、檸檬；以上蔬果含豐富葉酸（又稱維生素B9）。男性體內葉酸含量較高者，擁有健康精子比例也較高。

看報導，抽菸會造成陽痿，也有害精子發育，是嗎？

抽菸非常不利於精子，容易造成精子減產、染色體異常、活動力降低。

有菸癮者大多在年輕時初次接觸香菸，逐漸成癮；青春期男生若能及早瞭解抽菸威脅，遠離香菸，「必有後福」。

動物界中,哪一種精子最長?

你可能合理推論,擁有最長精子的動物,應是體積最大的鯨魚吧?不對,藍鯨雖號稱「自然界猛男」,雖擁有動物界最大陰莖,但藍鯨的精子長度連老鼠精子都比不上。怎麼會差這麼多?只能說精子太奧妙了,完全不能以常理判斷。

最後,一定得介紹這一個怪咖「果蠅」,牠的精子長達6公分,是牠身體的20倍、人類精子的1000倍,毫無異議地摘下「動物界中最長精子」的封號。果蠅飛來飛去,很適合主演「扛著自己的精子去旅行」之類的電影吧。

精子:**sperm**
精子銀行:**sperm bank**
精子捐贈者:**sperm donor**

【生活例句】
How many sperms are produced daily?
男人一天能製造多少精子?

【名人名句】
Football is a fertility festival. Eleven sperms trying to get into the egg. I feel sorry for the goalkeeper.
足球是一場生殖的盛會,11隻精子試著進入卵子,我為守門員感到難過。
——冰島歌手碧玉(Björk,製作人、創作型歌手與樂手)

Chapter 4

(獨善其身)

solo sex

性感帶 erogenous zone
性幻想 sexual fantasy
自慰 masturbate
網路 internet
色情媒介物 pornography
情趣用品 sex toys

性感帶 erogenous zone

身體上的藏寶圖

你知道每人身上都有一張「藏寶圖」嗎？人體上，這些藏寶地點就是所謂「性感帶」

懂得性感帶的分布，就像手中握有一張藏寶圖；循著地圖「此地有銀三百兩」的指示，一處一處去探索，就會享受挖出寶物的快樂。

認識性感帶，目標在深入瞭解自己的身體，譬如哪些部位格外敏感？哪些部位喜歡或不喜歡被觸碰？另外，當處於親密關係中時，瞭解性感帶，也才能去發掘對方的喜好與禁忌，培養相處默契，互相尊重、體貼。

性感帶，又稱「性敏感帶」或「性敏感部位」；指身體表面性神經末梢最密集，對性刺激最敏感、最容易引發性慾的部位。

這些部位，就是會給人「中獎了」的感覺。

性感帶首選：女性陰蒂，男性龜頭

男生、女生的主要性感帶集中在性器官，例如男生的陰莖、陰囊；女生的陰蒂、陰唇、陰道。

這些部位一旦受到性刺激，反應非常靈敏，立即有性亢奮現象：呼吸急促、心跳加快、體溫升高。

一般而言，在女生性感帶排名第一是陰蒂；在男生性感帶排名第一是龜頭冠狀溝，各領風騷。

性器官周邊，對性刺激也相當敏感，包括陰阜、鼠蹊部、大腿內側、會陰、股溝、臀部、肛門。

腰部以上，也有性感帶

身體性感帶分布位置，不限於性器官附近的芳鄰；也就是說，不限於下半身。

腰部以上，也有不少藏寶地點，如乳房、奶頭、嘴唇、舌頭、耳朵、脖子側面、脖子後方等，都是較為敏感的地方。

皮膚，是人體分布最廣的器官，全身表面在指尖、舌頭輕觸下，都可能有意想不到的刺激。

人各有好，每個人喜歡被觸碰的部位和方式不盡相同，只要自己身體發出「喔，我喜歡」的訊號，即使多麼與眾不同的部位，都無需憂慮是否奇怪。

以上這些性感帶引起的感受，因人而異。譬如，有人耳根喜歡被舔、被吹氣，全身快融化了；有人耳根卻怕癢，一旦感覺被親近，立即尖叫閃躲。

　　性感帶若感覺遲鈍，有可能是心理作用。譬如，有些女性深受傳統觀念影響，認定某些性感帶部位不潔或羞於示人，會刻意用腦意識封閉那裡的神經，便無法得到樂趣與快感。

男女性感帶，箭頭指向不同？

有一幅西洋幽默漫畫，並列畫出一位全裸成年男性、一位全裸成年女性。女體下方寫著「蘿拉的性感帶」，有十條引線分別從她的嘴唇、耳朵、脖子、乳房、肚臍、私處、膝蓋等十處拉長出去，也註明部位的名稱。男體下方寫著「比利的性感帶」，一樣有十條引線，卻都一致從他的陰莖拉長出去。

這一幅漫畫強烈對比，畫家言下之意，指女性比較願意去感受全身能引起愉悅的敏感帶，而男性較集中在射精快感，所以誇張地將十條引線都從陰莖發射出去。

在親密關係中，男性不必故步自封，可多開發全身不同部位的愉悅感受。同時，也要從中體會女性的性感帶分布於全身，應多去照顧周全對方感受，建立起互動良好的親密感。

性感帶：**erogenous zone**

【生活例句】

The touching of another person's erogenous zone is regarded as an act of physical intimacy.

觸碰別人的性感帶是一種親密的肢體動作。

【名人名句】

The mind can also be an erogenous zone.

心智，也可以是性感帶。

——美國演員拉蔻兒・薇芝（Raquel Welch）

性幻想 sexual fantasy

哆啦A夢的任意門

性幻想,是人類一種獨特天賦。一般動物只有單純性衝動、季節性發情、繁衍行為。人類,則超越這個進化層次,更上一層樓:除了具有動物發春衝動之外,還能在腦袋瓜裡組裝細緻念頭,置身虛擬的幻想中,汲取任何連結到性的歡愉。

如果,其他生物有辦法對人類表達意見,最嫉妒、最眼紅絕對是性幻想。這也可列入人類是「萬物之靈」的優勢之一。

性幻想,就像日本漫畫《哆啦A夢》(又稱《機器貓小叮噹》)裡的那一座任意門,神識經由通過任意門,即可短暫穿越時空,進出自如。

　性幻想，古稱「意淫」，以古人觀念來說並非好事。

但隨著科學進步，人類精緻的身心結構一層層被專家剝開；大眾開始理解，其實有能力性幻想，是一件值得善用的事。

性幻想，指通過大腦積極創造、浮現跟性刺激有關的畫面、情節、念頭，促使生理出現亢奮現象，而滿足慾望。

性幻想，有時發生在性交時刻，以想像力強化生理快感。更多時候發生於自慰，勾勒腦海的畫面，編織人事物，而產生互動關係，使自娛感受更具爆發力。

性幻想，不必真的實踐

所謂幻想，不管想得如何逼真、如何著迷，它總是幻想，不具有「非要實現」元素。

正由於性幻想「只在想像層次而已」，故對於性幻想可卸去道德壓力，不需去架設防火牆。在這一片安全的想像空間裡，人們釋放好奇心，如馬奔騰。有些人的性幻想平淡無奇，吹不出一個彩色水泡；有些人的性幻想大膽出奇，且不受傳統約束，四處遊走。只要不傷害自己與他人，性幻想就如想像力海闊天空。

幾乎每人都有性幻想，差別在次數、頻率、內容、深度，以及採取怎樣面對的態度。性幻想普遍被視為私密，人們有所忌諱，不公開談論分享。以致，有些人誤認自己是唯一怪胎，為了滿腦子胡思亂想感到內疚、羞恥，這是莫須有。心智健全的人有性幻想，很自然。

性幻想，分為兩階段

一般而言，男生比女生性幻想次數較多，有調查指出多達三倍。

男女進入青春期，開始意識性幻想存在，起初感覺「哎，怎麼盡想這些有的沒的」而嚇一大跳，萌生自我譴責。

第二性徵出現，會引起「兩階段」反應。第一階段，青少年對自己身體變化充滿好奇，第二性徵沒有一處不讓青少年又驚又喜。

第二階段，對自身探索到一個程度後，好奇心自動轉向，關注到異性存在，受異性身體吸引。這時，性幻想開始大量湧入，素材取自色情媒介、影視劇情、小說故事、偶像名人、身邊暗戀對象等，融為一爐。

自青春期起，腦子一旦開工幻想，就不會停歇，男女皆然。

我的性幻想可以跟親近的人講嗎？

這需視情況而定，如果你的親密對象容易吃醋、沒安全感、疑慮多、自信心不夠，便無須非要告知。往往，跟這些性格的人分享性幻想，恐會帶來較多負面反應。但也有夫妻或情人很能享受彼此的性幻想，覺得更添情趣。

性幻想有害嗎？會不會真去實踐性幻想而犯過，甚而犯罪？

基本上，性幻想是無害的，除非當事人的精神狀態分辨不出性幻想與真實世界之間的差別，導致真的去做出侵犯他人之舉。
一個人若一直偏執某種性幻想，希望配偶、情人客串配合，如頻率過高，或刻意強制執行，造成性生活困擾，這種情況就需當心，必要時求助心理醫師。

學校沒教的事

角色扮演，幻想逼真

很多人一提到性幻想，就打退堂鼓。其實，如果在親密行為、配偶性生活中，雙方樂意分享性幻想，也樂於將性幻想展演出來，為閨房之樂添薪加柴，未嘗不是正向的事。
性幻想最常被搬演的方式就是「角色扮演」遊戲。舉例來說，情趣用品店面或網站長銷的制服，如主人與僕人、護士與醫師等。角色扮演，對平常比較放不開的雙方尤其受用，透過腦子指令：「我這樣做，是為了融入角色。」容易說服自己以單純精神去測水溫，越測越適應之後，不覺地就投入角色，嘗到新鮮的性感。

性幻想：sexual fantasy，也稱「情色幻想」：erotic fantasy

角色扮演：role-play / role-playing

【生活例句】

What's your most exciting sexual fantasy?

什麼樣的性幻想最讓你興奮？

【名人名句】

I kind of see clothes a bit like role-playing, depending what mood I'm in.

我有點把衣服當做是角色扮演，看我當下的心情如何？

——英國模特兒莉莉・蔻兒（Lily Cole）

自慰

masturbate

最佳安慰獎

現在，公開表演型比賽越來越多，當主持人宣布晉級名單，落選的參賽者難免失望；還好，民間很多聚會活動就有人情味多了，如年終尾牙，大小獎贈送完畢，總安排人人有分的「最佳安慰獎」，皆大歡喜。

從性的角度看，所謂「最佳安慰獎」若視為「自慰」，未嘗不可。科學與醫學界都已證實：「適度自慰，能消除壓力，有助身心放鬆。」

當人們精神來了、興致到了，而且環境條件允許下，不妨輕鬆頒給自己「最佳安慰獎」，圖個安慰。

　　不論男女，用自己的手、藉助他物，或兩者皆派上用場，去刺激性器官、性感帶，產生高潮而達到亢奮滿足，統稱「自慰」。通常，男生自慰以射精做結，俚語稱「打手槍」。

自慰，從青春期拉開序幕

　　青春期，男女第二性徵出現，男生陽具增長，女生乳房脹大，下體長出陰毛。身體看得到的地方起伏大，「如土地翻修」；看不到的體內生長激素、性荷爾蒙分泌多，「如消防栓噴水」。

　　青少年對自己多變的身體產生極大好奇，好像科學家在觀察顯微鏡下的微小世界，自然而然地探索起自己的身體，特別集中在性器官等性徵。穿梭曲巷幽徑，沿途找去，最終尋到了隱密的自慰花園。

多數人第一次性高潮，是自慰

　　適度自慰，有助身心放鬆、降低壓力、發洩情緒。它，是一種安全性行為。除了性交之外，自慰是人類第二種獲取性歡愉的途徑；從開始到完成，簡單又迅速。當性慾蠢動擾人心神時，有人把自慰當做最方便的打發方法，快速讓身心歸隊。

　　每人自慰次數不一，視個人身體狀況、慾望程度、未婚或已婚而定，沒有所謂正常自慰次數。有人一天自慰多次，有人一週或一個月自慰一兩次；也有人幾乎不自慰。

　　大部分人第一次性高潮，並非透過性行為；往往是在自慰過程中摸索，因此體驗到傳說中「自家練功」的性高潮。

自慰，有助探索自身愉悅

男性自慰，已普遍為人接受；女性自慰，仍多被另眼看待。

晚近，性學界鼓勵女性自慰。因很多女性不易有性高潮，終身困擾、鬱悶；不少女性在年輕時藉由自慰，去感受身體哪裡最敏感？怎樣達到快感？快感又是什麼滋味？才慢慢地領悟「性高潮為何物」，掌握到箇中奧祕。

有了自慰的「仙人指路」，日後進入親密關係，才知悉如何告訴對方：自己需要什麼？從而，打下性生活的好基礎。

金賽性學小組研究顯示，婚前從不自慰的女性對自己快感來源不清楚，婚後把自己「完全交給先生」，結果多是不易達到性高潮。

自慰會不會過度？對社交有影響嗎？會干擾正常性生活嗎？以上問題的答案皆「NO」。除非，出現了以下情況：整天關在房內頻繁「犒賞自己」，啥事也不做；或單身者只想自慰，對正當的人際交往沒有興致，無精打采；或已婚者僅滿足於自慰，對房事毫不起勁，冷落配偶……若是達到這種程度的自慰，建議該向專家請教了。

　　自慰，會對身體有害嗎，尤其對男生？

過去民間盛傳「一滴精，十滴血」，警戒男孩與男人勿手淫，守住寶貴精液傳宗接代。古人此話說得重，成了男人千年心頭陰影。

西方從中古時代起，宗教批判自慰是一種罪行。即使至今，不少青春期男女仍對自慰深感羞恥、焦慮、罪惡感。但，現代許多專家已認為自慰是正常現象。

自慰本身對身體無害，也無損性功能，不會使男人陽痿、早洩、妨礙製造精液，或失去男子氣概。只有在道德、宗教嚴厲批判下，當事人對自慰承受巨大內疚壓力，這樣才會構成心理傷害。

自慰的高潮，跟性交的高潮有何不同嗎？

自慰高潮，跟性交高潮不太相同。自慰時獨處，沒有第二者在場，不必怕害羞，也不需「繳交成績單」，可充分解放、盡情鬆綁自己。

性交高潮，需有一連串互動，比較像「協調後點頭示意開始的室內二重奏」；相較下，自慰高潮，比較像「一個人淋浴時隨興的開懷歌唱」。

一個人有了配偶、固定伴侶，開展性生活，性慾有了正當滿足管道。儘管如此，私下還是會自慰，這沒什麼不正常。

自慰，比性交更簡單解決了性慾，不像性交需對方時間、適當場地、外在各種條件配合。性交，俗稱「炒飯」，較需備齊食材；自慰好比「煮麵」，撈幾下方便可食。

有了親密關係後，發現對方偷偷自慰，不代表自身失去性魅力，

或無法滿足對方性慾。性交與自慰，如同人們有時想吃飯，有時想吃麵，胃口會偶爾調劑。每人對性需求強度不同，當一方較強時，偶爾能靠自慰填補缺口。

自慰男孩，常戴保險套？

2009年，美國全國安全性行為（NSSHB）調查，針對800名
14～17歲青少男女，在父母同意參與匿名問卷下獲得幾項數
據。其中一項數據耐人尋味，平時較常自慰的男生中，高達86%
「辦事」時使用保險套；較不常自慰的男生，「辦事」時使用保
險套僅44%。

這是男孩在自慰中，與性器官接觸，體驗性快感。浸在這些氛圍
裡，當男孩傾向想到跟性有關的事時，便容易想到與性最息息相
關的保險套；等以後真的需用時，自然會習慣事先準備套子。

自慰：masturbate（動詞），masturbation（名詞）。
口語說法為jerk / jerk off ，簡稱JO，專指男性自慰。女
性自慰專用口語也不少，其中之一為finger painting（手
指畫圖）

【生活例句】

Is masturbation normal？

自慰正常嗎？

【名人名句】

The good thing about masturbation is that you don't have
to get dressed up for it.

自慰的好處，在於你不必為了它盛裝打扮。

——美國作家楚門・卡波提（Truman Capote）

網路

internet

阿拉丁神燈，有求必應

「網路」像什麼？有人說像「阿拉丁神燈」，使用者多摸幾下，網路精靈就會現身，打躬作揖：「主人，你有何心願？」

無論你許下三個心願是什麼，精靈都不會過濾篩選，就把一大堆好的、壞的；正面的、負面的，通通捧到你面前，積成一座小山。

青少年都有強烈好奇心、充沛精力，面對有求必應的網路花花世界，總是會想一探究竟。

過去網路不發達，虛擬世界仍未誕生；相對地，那時的現實世界自有一套規則運行，青少年行動受到成人的看管約束。現在精靈翩翩降世了，只要青少年手指一滑，精靈就拉著他們「上天入地」，潛入網路縹緲空間中。

網路百花齊放，良莠不齊，有的網站可以求知，有的網站涉及許多跟性相關的陷阱，就等著不解世事的青少年不慎踩進去。

　網路，有兩個最受歡迎的青少年營區，一個是電腦遊戲，另一個是網路交友。

交友資訊軟體被形容為「約會神器」，原意設計給成年人結識新朋友，或尋找兩情相願的幽會；但未成年的年輕人很快滲透進來。

青少年小心被網住了

網路既是虛擬，表示裡面什麼都可以造假；虛虛實實，容易受騙上當，被耍得團團轉。

網路色情資源日漸坐大，懵懂青少年隨興逛逛，目迷五色，就可能被一團蜘蛛絲「網」住了。

網路網羅年輕人的陷阱林林總總，共同點在於利用年輕受害人沒有防人之心、判斷能力不足、輕忽事態嚴重。

跟性有關的網路騙局，雖經一再宣導預防，常被當耳邊風；每當騙術得逞，不在少數的青少年已付出了後悔莫及的代價。

3C時代青春期要面對包山包海、資訊爆炸的網路，不像上一個世代青春期那麼單純。這樣一來，好處是資訊串連快速，潛在的害處是一旦被有心人設計，即步步危機。

被騙取裸照

在E時代，青少年交網友已是普遍現象。但需要認知網交，並非真正交友，只憑你來我往的訊息、聽不見聲音、看不見相貌；就算透過視訊，觀其容、聽其聲，仍有偽裝空間，可以騙很大。

利用網路戀情，使憧憬愛情青少女受騙拍裸照，甚至拍下設圈

套的性愛照，做為勒索、要脅；越陷越深的悲劇並不少見。

約見必須審慎

網友「神交」一陣子，累積一點友誼基礎，一方自然會提議見面、出遊；對方是正派還好，萬一是披著狼皮的羊，不懷好意赴約，找到下手機會吃豆腐，甚至侵犯，損害就大了。

跟網友見面，第一次最好約在人多場合，如速食店、咖啡廳一類。初次或前幾次見面，不宜單獨相處。

騙情騙財騙色

年輕女孩嚮往愛情，人之常情。網路交友，更具「朦朧美」，最容易促成這種羅曼蒂克。

但白馬王子可能不是「從此跟公主過著快樂生活」，而可能是貪圖一夜情，或找藉口借錢。當人財兩得後，即人間蒸發。

網路無所不能，一旦有意圖用網路手段來包裝戀情，詐騙可以涉及騙情、騙財、騙色，無所不騙。

網路詐術不斷翻新，但核心不變，都在利用人心弱點。青少年面對網路絕不能天真，要強化警覺意識。

男友跟我視訊，要我拍火辣一點，發誓只當個人珍藏。我直覺不妥，從不在鏡頭前暴露，我這樣做對嗎？

妳顧慮得沒錯，視訊攝影只要沒事就沒事，一出事都難以善終。女生與男生都需學會保護自己，寧可多謹慎。

不僅視訊有此風險，年輕男友、女友在私下相處時，多少會自拍親密照，這種自拍照也不能掉以輕心。

一些例子顯示，在有心網友積極慫恿下，一方鬆弛戒心，親密照不自覺地尺度越來越大。或者網友掌鏡，好言哄騙下，擺出撩人姿態。

最怕網友戀愛時是一副臉，鬧分手後完全翻臉，將對方裸照、不雅圖照或影片撒到網路。網路的匿名性、快速傳播性都會惡化這種行為。若造成當事人名譽受損，已構成毀謗罪，需受法律制裁。

自拍，儘管有趣好玩。但自拍只要沾到一點害處，不是拍拍屁股就走，而是「吃不完兜著走」，一定要學習自保。

請推薦不錯的性教育網站，我想從網路多學一點正確性知識。

家長、師長與其一味消極防堵網路，視為洪水猛獸，將一切推給分級制保護傘；不如協助孩子過濾，找到可信賴的性教育網站，安心學習。

適合青少年觀看的性教育網站：

國民健康署青少年網站——性別e樂園：提供線上預約會談、性教育知識。

https://young.hpa.gov.tw/home.asp

吃到飽，也撐到反胃？

網路，好比一間「吃到飽」餐廳，讓青年進入，卻規定不准食慾
大開，幾乎不太可能。

同樣比喻，面對豐富網路資訊世界，也是一間「看到飽」、「聲
光到飽」的餐廳。

網路成癮，是另一個年輕人的困境。有些缺乏人生目標容易沉
溺，耗在虛擬世界做白日夢，逃避壓力。

根據調查，12～20歲青少年已成沉迷網路狀況最嚴重的年齡
層。除了青少年應養成自覺，家長、師長應一起動員，協助拓展
多元人際互動關係，學習溝通技巧、培養多方面興趣。

英文小黑板

網路：internet
網友：cyber friend
網路交友：internet dating / online dating
視訊：webcam
交友軟體：dating APPs

【生活例句】
How does one safely meet a cyber friend?
如何跟網友安全地見面？

4-5

色情媒介物 pornography

A 片教錯了觀眾什麼事？

成人色情片叫A片，令人納悶為何不叫B片，或叫「維他命C」的那個C片呢？

A片的A，不是看它顏值高，位居26英文字母之首，才禮聘做為泛稱。此A乃取自「Adult Video」（成人影片）字首的A。近年，大眾常在報章讀到「AV女優」、「AV男優」頭銜，所謂「AV」一樣是源於「Adult Video」。

過去看A片，就像「A」走人家錢，視為羞恥丟臉。當時人們忍不住找刺激，偷偷四下尋找管道，租看那時的「小電影」、「黃色電影」。

現在收看成人影片只需家中坐，一開手機、筆電、電腦3C，情色畫面像水龍頭，隨時扭開，水聲嘩啦啦。

色情媒介物，包括色情片、色情網站、色情遊戲，以前如一台流動攤販車，現代則已擴充如一家連鎖大超商，24小時不打烊。

很多學生對性一知半解，部分肇因國中、高中階段，學習系統包括師長、家長未給予足夠的正確性教育，下一代只好盲人摸象。根據調查，很多青年性知識幾乎「來自網路A片」！

學生的性教育來源赫然是「什麼都敢演」的A片？也難怪一些年輕人摸到象牙、象鼻、象腳、象耳、象尾，就以為摸到了一頭大象，結果錯誤百出。

年輕人以A片為師，誤認為性就是A片，深深影響了日後對性的正當態度。以下，列出一串「A片教錯了觀眾什麼事？」清單：

【錯誤1】娘娘來給皇上請安了！

A片，長期為人詬病「物化女性，拍給男性看」。過於強調男性高潮滿足，女性淪為工具，「陪公子讀書」。

影響所及，女性觀眾若私下師法A片，以男性射精當做愛最高目標，全力滿足對方；也不免就習慣壓抑自身性需求，甚至搞不清楚自己有沒有性高潮？

【錯誤2】跟人家比大小？別傻了！

A片不是一面鏡子，但當男生看到男優的粗長陰莖、女生看見女優的豪乳還是會嚇一跳，以為這是鏡中真相，反映了男生下體、女生上圍之平均尺寸。

其實，A片那些男優、女優都經由特別篩選，製片導演專挑「本錢雄厚」的男女演員，非一般人也。

如果，年輕觀眾分不清A片與現實的差異，便與男優、女優較量，可能造成自卑。長期低視自己，恐淪為不定時炸彈，進而影

響性生活，成為親密關係絆腳石。

【錯誤3】她是花腔女高音，妳不是！

A片最大特色之一是浪聲浪語，女優彷彿拿著大聲公在叫春，頻率與音量直追賣座電影《加州大地震》（加州，是美國成人片最大製作產地）。

那是A片床戲的演出效果，「聲」、「色」俱佳。但絕不意味一般人上床都需按此要領，叫到「燒聲」。除非女性自願暢喊，不然沒必要聲嘶力竭。

【錯誤4】經久不射，你不是國足！

看見A片男優神乎其技，採取了《印度愛經》的艱難角度，上天入地，技藝驚人。一場床戲，比一場世界杯足球冠亞軍賽程還要長。

這是因為：A片有一種技術叫「剪輯」，耐久不射的畫面都靠剪接。

【錯誤5】人家沒戴套也沒事，我幹嘛要戴？

成人色情片男優、女優，按照規定，必須定期做健康檢查，提出完整報告，才能演出無套性交。

一般觀眾不知所以然，跟著仿效，置自己於危險之境。A片看似亮麗，千萬別光看表面被誘惑受騙了。

【錯誤6】現實中，女生說不就是不！

A片演出肉搏戰，近身相撲，為了增加欲擒故縱、兵不厭詐的戲劇張力，女優常會做出抵抗姿勢，連聲喊著「NO! NO!」（不要，不要）。這種「裝作不要」是演戲，「直說不要」是對白，全是為了A片劇情需要。

但是，回在現實生活中，當女生說「不要」，除非是你情我願的調情；不然女生「說不要就是不要」，「說停手就是停手」，沒商量餘地，請予尊重。

性啟萌

為什麼A片不宜未成年觀看？

A片，是成人觀賞娛樂，兒童、青少年並不適宜接觸。

因為未成年者仍涉世未深，無法判斷色情媒介物反映的不是真實人生，便會照單全收；例如，為了感官強化刺激，近乎九成A片都出現「侵略動作」，未成年者看了，誤以為「男性可以這樣粗暴對待女性」，這是完全錯誤訊息。

色情媒介物無法杜絕，何況也算成人娛樂，那大家該以什麼態度看待呢？

一起來面對現實，色情媒介物不可能消失；重點是，以怎樣心態看待色情媒介物。至少，應該有下列兩點認知：

1.色情媒介物是設計給成人當感官娛樂，只要是娛樂，就有虛構成分。基本上，A片是加油添醋的小說、劇本，與現實脫節，不能當做現實生活中學習、模仿樣本，更不能當做性教育。

2.多喜愛自己的身體，也關心伴侶反應；不必拿自己與伴侶的身材、體型、尺寸、花樣、招術去跟A片比較。

學校沒教
的事

A片人口，收視調查

青少年無論如何被學校、家庭禁止，仍有辦法，一溜煙，閃進網路世界觀看色情；宣告18禁的首頁發揮不了作用。

根據「台灣性教育協會」調查，在校學生逛色情網站比例隨著年齡而遞增：國小生15％，國中生30％，高中生70％，大學生90％。上述數據，出乎成年人意外；整體社會不應再戴著眼罩，繼續視為不存在事實。

實際上，成人無法完全禁止年輕人接觸色情媒介物；年輕觀眾暗中看多了A片，性知識仍相當貧乏，性態度可能被誤導。畢竟，A片功能本來就不在對觀眾傳授正確性教育。

此時，務實更重要，避而不談，不如跟年輕人一起面對議題：A片的性是表演，與生活中真實的性有一條大鴻溝，不能完全抄襲到現實裡。

A片（成人片）：adult video，口語稱porn或
pornography
只限成人：adults only

【生活例句】

Be careful, watching adult video can become addiction.

小心，觀看A片可能會上癮。

【名人名句】

My reaction to porno films is as follows : After the first ten minutes, I want to go home and screw. After the first twenty minutes, I never want to screw again as long as I live.

我對色情片的反應如下：看了10分鐘後，我想回家做愛。但看到了20分鐘後，這輩子都不想做愛了。

──美國作家艾瑞卡‧鍾（Erica Jong，著有《怕飛》）

情趣用品

sex toys

一個人的安全歡樂

情趣用品,打出「歡樂牌」、「安全牌」,是一般成年人情趣生活中的兩張王牌。

情趣用品,最早可追溯到二萬八千年石器時代,勿小看穴居人,從洞穴壁畫看出,他們已是懂得利用手工藝享樂的玩家。老祖宗嫁閨女,嫁妝中通常配備情趣用品,讓姑娘家私下琢磨,以期在洞房花燭夜派上用場。

情趣用品,也稱「性玩具」、「成人玩具」。玩具,讓人想起遊戲、玩耍、嬉樂,玩了心情愉快。「性玩具」既屬玩具一類,自然也有玩具配備的這些功能。

人類發揮工藝,製造情趣用品,為性生活加分;這就像人類發現香料,為調食佐味一樣。「食色性也」,食的滋養、性的滋養,乃人類兩大本能需求,情趣用品就是性的滋養其中一種來源。

情趣用品,除了為情人、伴侶助興;另外主要用途在於獨自使用,是自慰聖品,造福了眾多單身者。情趣用品都在私密、放鬆空間使用,成了最安全的性慾發洩管道。

情趣用品,幫助滿足人性,不被性慾牽著鼻子走,避免到外頭接觸不安全洩慾管道,是現代男女方便善用的資源。

情趣用品有兩大用途：一、用在雙人親密中，二、用在自慰振奮中。情趣用品被喻為「solo sex」（單人性愛），正因這些自慰聖品幫助抒發了內在的性需求與衝動，使慾望驅策歸於平穩。

情趣用品多元發展，主要類型如下：

按摩棒

多數按摩棒設計為一條棒狀圓錐形，也有做成陰莖或類似形狀；一啟動電池開關後，錐體會產生震動效果。震動頻率如強弱程度、顫動間隔、變頻模式，有多種選擇。

假陽具

多數假陽具材質為橡膠、塑膠、仿真膚矽膠，及水晶玻璃，模仿陰莖實體。有各種尺寸、粗細、膚色、弧度。

不宜選擇沒有底座的假陽具，因沒有底座可握牢，用力略深，可能整根滑入體內不易取出。

跳蛋

跳蛋，也稱「震蛋」。造型為蛋形、長橢圓形，外接一條細電線，連結開關；也有設計為無線遙控。體積小巧，可整粒放入陰道內震動，多為自慰用途。取出時勿用力拉扯細電線，以免斷線卡蛋。

自慰套

　　自慰套，也稱「飛機杯」、「人工陰道」，是男性使用的自慰器。外型多為鋁罐狀、手電筒狀。裡面以矽膠製成仿女性陰道皺褶的通道，有不規則凹凸顆粒，符合人體工學。男性陰莖從入口處置入，塗抹潤滑液，手握自慰套，進行活塞運動，產生性交摩擦快感。

　　自慰套有兩種，有單次使用拋棄型、多次使用型，後者在每回使用後必須清洗內部，保持乾淨。

　　情趣用品，為了衛生安全起見，不與他人共用。

其他

　　如SM道具、制服、情趣內衣、潤滑液等。

| **Q&A** | 看過社會新聞，有些人把一些怪東西放入體內被送醫。情趣用品
會造成危險嗎？

市面上銷售有品牌的情趣用品，都通過人體安全測試，多一層保
障，基本上使用得當，並不具危險。但如果有人異想天開，把一
些身邊取得的東西，隨便送入體內，企圖找尋刺激，就可能發生
意外事件，如「不小心滑進去」、「卡住了」、「拔不出來」等
窘態，驚動救護車送急診。

這是每個人都該學習的正確性知識、也是忽略不得的健康資訊：
嚴禁為了嘗試刺激，把異物放入口中、鼻孔、耳朵，尤其尿道、
陰道、肛門。

網路有不少教學自製情趣用品，均屬路人甲說，沒有安全保障，
避免模仿。

情趣用品本意，是為了帶來「情趣」；千萬不要因為無知，帶來
了「無趣」。

性啟萌

成人情趣品，18禁的背後

上述介紹產品，完整說法為「成人情趣用品」，屬於「18禁」範圍，僅限成人購買。儘管未成年者無法進入實體情趣商店購買，卻仍有網購、透過朋友或其他管道取得的途徑。

從不少個例顯示，有些青少年可能已經擁有，甚至在使用情趣用品了。那麼在這一本性教育材讀物上，認識情趣用品的正確、安全資訊，就有其必要了。

情趣用品：**sex toys**

成人玩具：**adult toys**

按摩棒：**vibrators**

【名人名句】

Why did God create men？Because vibrators can't mow the lawn.

上帝為何創造男人？因為按摩棒無法修剪草坪。

——美國歌手瑪丹娜（Madonna，流行音樂天后）

Chapter 5

（禮尚往來）

make love

性交 sexual intercourse

性高潮 orgasm

保險套 condom

懷孕 pregnant

避孕 contraception

性交　sexual intercourse

人類是萬物幸運兒

人們常把性交形容為「飄飄欲仙」，這不是憑感覺說說而已，真的提得出生理證據。性，會增加腦內多巴胺分泌量，而多巴胺這種神奇化學物質，向來使命必達，從大腦一路沿著全身傳遞快樂興奮，使人感到一整個美妙。

性交，如將一隻鑰匙插進鎖孔，啟動了大腦內的「獎勵迴路」，雙方都有獎賞，樂陶陶。

什麼是「啪啪啪」？這是「性交」的最新潮語，很有「聲」歷其境之感。儘管性交妙不可言，人們還是想出了一大堆稱謂，如做愛、愛愛、性行為、交媾、交歡、行房、雲雨、敦倫、播種、嘿咻、炒飯、辦事、打炮、全壘打、鑽油井等，雅俗皆有，道出了性交帶給人們各形各色的快活。

動物間的交合，只能說是交配；相對而言，人類性交顯得感官豐富、互動深入、沒有周期限制。這種「透過性交，達到快樂」的進化優勢，使人類成為萬物中的幸運兒。

性交，普遍意義而言，大多指涉的是插入式的陰道交（男性把勃起陰莖插入女性陰道中），透過持續抽送摩擦，產生性高潮而射精。

「陰莖插入陰道」有兩個目的，第一、繁衍後代；第二、享受性愛高潮。當陰莖在陰道內射精，精液中精子會跟輸卵管內卵子結合為受精卵，孕育新生兒，人類得以子孫綿延。

但人們純粹為生殖目的而性交，次數並不多；大多數性交是為了追求生理與心理的愉悅、滿足。

性交次數人人需求不同，就像說炒飯，有人食量大，有人食量小。不論多寡，重要是伴侶之間協調良好。

每人對待性的態度不同

人類性交不只是「陰莖插入陰道」，還衍生各類搭配的刺激活動，提高性交快樂指數。

例如前戲，經由親吻、身體摩挲，以口與手愛撫敏感部位，使慾望遍及全身、陰莖硬挺、陰道潮濕，雙方「引擎熱起來」，進入性交前最佳狀態。

每個人對性各有態度、價值判斷，不同心態決定了採取哪一種性交模式。有人必須先建立情感，才願意性交，在乎性愛合一。有人堅持結婚後，才能突破最後一關。但也有人把性交當洩慾，不必然視為是一種「做愛」，無須感情基礎，純為性而性。以上三種不同態度的人都有。

不僅異性之間，同性之間也會發生性行為。異性戀與同性戀，只是情慾對象的性別不同；但在情慾上的需求、感受、反應並無二致。

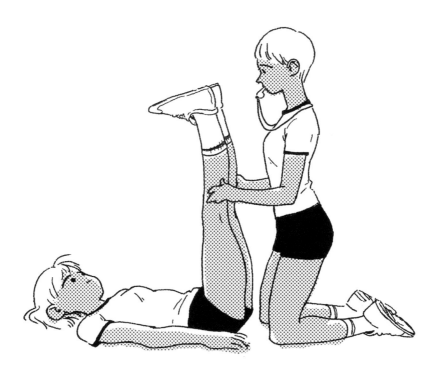

青少年正值生理發育期間，一方面對性好奇，另一方面血氣方剛，容易感受慾望；如在一些外在情境湊合之下，很有可能對發生性行為躍躍欲試。臨此衝動關頭，各種獨立條件還不成熟的青少年必須提醒自己，真的對這一件影響人生的事所可能發生的後果，已經準備好去承擔了嗎？

口交

口交，是性行為一種，以口（包括唇、舌、齒、口腔內壁、咽喉），輔助大量唾液，刺激性伴侶的性器官，提供溫熱而濕潤的舒爽，達到性愉悅或高潮。

古代，女對男口交稱「吹簫」，男對女口交稱「品玉」，把風流事說得風雅。今日俚語「吹喇叭」，有人視為低俗，有人當成每一個時代特有的鄉民語言。

中世紀歐洲為了避孕，常採用口交、肛交取代性交，既完成洩慾，也避免受孕。

根據美國最新調查，15～24歲2/3有口交經驗。在一些年輕人定義中，口交不算性交；而且，口交不會受孕，沒有麻煩。這裡有一條重要提醒：口交也是感染性病途徑之一，不能不慎。

舊社會保守，較少平常心討論口交。其實，並不是只有男性享受被口交，這個神話後來被打破，1976年《海蒂報告》揭開害羞面紗，42％女性常因被口交達到性高潮。從此，女性明白自身的性權益，敢於主動要求，也是一種平等概念。

口交姿勢有多項選擇，最受矚目是「69」式。雙方以頭腳相反方向，為彼此口交，姿態像極了阿拉伯數字69。

肛交

異性之間，因為避孕、遇到經期，有人會以肛交替代性交。也有純為了嘗鮮，體驗這種不同情趣。肛門，由豐富肌肉、神經、血管、腺體構成，適當刺激之下，確能引發性亢奮。

肛門，不具生殖功能，無法像扮演生殖角色的陰道會自動分泌潮濕。乾澀的肛門黏膜也比陰道內壁軟薄，故肛交時需要塗抹大量潤滑液。

肛交，容易發生體液接觸，務必採行安全性行為、全程戴套，絕對疏忽不得。肛交，需事先雙方溝通同意，不能一方蠻橫。

男同志沒有生理陰道，肛門成了替代入口。肛交，是男同志常採行的性行為之一。

女同志性行為，可由一方使用穿戴式假陽具（strap on），對另一方進行性交；也可透過手指伸入陰道，進行「指交」。

有一條衛生準則必須注意，深入肛門的陰莖、手指、假陽具抽出來之後，不能直接進入陰道。因肛門是排泄口，直腸內細菌會因此被帶入陰道內，引起陰道發炎。

性交體位

性交體位，指性交採取的姿勢。男女性交可選用許多種體位，以下介紹三種基本姿勢，為性愛三大體位。

【傳教士體位】

傳教士體位，又稱「正常體位」、「男上位」，是最普遍、最簡單、最常被採用的體位，也是最入門的姿勢：男生趴在女生身

上，亦即「男上女下式」。

女生平躺，兩腿分開彎曲；男生趴上去，將陰莖導入陰道。她的雙腿可環繞他的背後、腰部、臀部，或抬高跨在他的肩上。

【狗趴式】

狗趴式，又稱「後背體位」、「後入式」。女生屈膝，向前趴下；男生在後面採取跪姿或蹲姿，陰莖從她的身後插入陰道。

【女上男下式】

女上男下式，又稱「騎乘體位」。男生仰面而躺，女生張開雙腿，跨騎在他身上，用手扶住陰莖導入陰道。

專家提醒，女上男下式具有若干風險，忽上忽下劇烈騎馬若太忘我，容易造成陰莖受傷。女生猛坐下時，小心不要坐到蛋蛋。

| Q&A | 一般說的性行為，就是指性交嗎？

性交，不完全等同性行為，它包含在性行為之內。性行為，有狹義、廣義之分。

狹義性行為，指有性器官的直接接觸，觸弄別人性器官的任何舉動都算性行為，如性交、口交、肛交、愛撫私處、幫忙自慰等。

廣義性行為，指任何帶有性意識的親密接觸，如口對口親吻、親熱擁抱、觸摸全身。

有些年輕人認為只有性交才算性行為，才算sex；口交、自慰等接觸不算性行為，也不算sex，這是一種閃避的說詞。

　　　　　　　　　　　　　　性啟萌

性交的三種正向

心情愉悅：性交，會刺激腦子分泌多巴胺，這種神經傳導物質有改善情緒的作用，使人心情愉快，達到滿足感。

減除壓力：性交，能開展臀部，促使腰肌減除平日累積於該處的壓力。生理壓力消除，也會帶動心理壓力舒緩。

燃燒熱量：性交，又稱「床上運動」，既是運動，就能燃燒熱量。但實際上，性交所消耗的卡路里，約等於慢跑的一半。

性交：sexual intercourse / have sex / get laid

做愛：make love

口交：oral sex

肛交：anal sex

體位：coital position，簡稱 position

【生活例句】

What is your favorite position?

你最喜歡哪一種體位？

【名人名句】

Women need a reason to have sex. Men just need a place.

女人需要一個理由才能上床，男人只需要一個地點。

——美國演員比利‧克里斯托（Billy Crystal，曾擔任多次奧斯卡金像獎頒獎典禮主持人）

性高潮

orgasm

坐上了雲霄飛車

一部好看的電影，一本好看的小說，一齣好看的戲劇，總讓人有「高潮迭起」之感。日常中，也用得到「高潮」二字，如「人生有高潮，也有低潮」。但，有一種高潮最特別，專用在性行為用途上，大家都感受深刻；它，就是生理快感達到了最高點的狀態──「性高潮」。

古代數千年，行房性交只為了傳宗接代，純粹重視生殖功能。很少往性歡愉方向著想，以致人們對性高潮認識不多，在未達性高潮以前盡力壓抑，即使有了性高潮也感到羞愧自責。尤其女性高潮常被冷落在一邊，女性對自己沒有性高潮也視為理所當然。

直到近代，醫學昌明，揭開了「生殖器官，也等於是性器官」真相，明白了性高潮既不淫猥，也不羞恥，是人體正常反應，還給了性高潮一個公道。

性高潮，指經由性接觸、性刺激後，生理、心理反應出來最強烈的極樂狀態。

男性高潮，就是俗稱「凍未條」，大部分伴隨著射精；射精時，括約肌、前列腺、陰莖肌肉都出現急促的節律性收縮。儲精囊受擠壓作用，把蓄存精液發射出去。

單次射精過程，約3～10秒；精液以時速45公里從馬眼噴出；每一次射精就像噴射機起飛，一架接一架，壯志凌雲。

女性高潮區分三種

陰蒂高潮

陰蒂受到刺激後，產生性高潮。

陰道高潮

經由陰道而產生的性高潮，大部分為男女性交時，陰道所產生的性高潮。

陰蒂與陰道混合高潮

當陰蒂、陰道同時達到性高潮。

男性一到性高潮容易射精，動作顯而易見；相對下，女性衝到性高潮，因無射精這類明顯現象，對性高潮相當困惑。

這種「not so sure」（不確定感）讓不少年輕女生，包括成年女性或已婚女性仍然不確定是否曾經有過性高潮？

性反應，有四階段

一個人的性反應周期有四個階段：興奮期、高原期、高潮期、消退期。如爬山一樣，從山腳快爬到顛峰，再從顛峰緩步下山。一次性高潮，便如一座山峰由下而上、再由上而下的弧度。

性高潮與大腦有直接關係。大腦，是人體最重要性器官。當性器官受到性刺激、身體各部位受到愛撫時，兩處神經末梢就傳遞訊息到「性愛司令部」所在的大腦。

此時，大腦即開始操作，啟動相關按鈕，像是釋放腦中傳遞快樂的化學物質多巴胺。在大腦指揮下，全身極度興奮，性器官準備接受觸電，達到性高潮。

性交、性愛，有所分野

性交、性愛，僅有一字之別。不過對當事人的性高潮，可能有天壤之別。性交，偏向生理性質的發洩，完成後不太有餘音裊裊。性愛，則包括外在肉體吸引，以及內在熱情、溫暖、愛意，成完後仍有餘韻。一般來說，有愛的性高潮，比純性的性高潮更豐富一籌。

神經學家最近發現，性高潮比數獨、填字等益智遊戲更能活化大腦，有益身心壓力釋放，防止老化。

男女性高潮，快慢有差距

男性高潮，從亢奮到射精不需很長時間。女性高潮，身體需全面啟動，時間會拉長。男性高潮像「電燈泡」，容易一觸即亮；

女性高潮像「電熨斗」，往往緩慢加溫。

男女做愛，如能一起達到高潮，會有加倍滿足感。為達目標要擇手段，男性不能埋頭幹活，只顧自己高潮，應照顧女性，多給予愛撫刺激，助燃慾望。

兩性都需體諒對方的生理差異，男性放慢一點，女性加快一點，出現黃金交叉點，一起達到性高潮。

性高潮來源

自慰──透過自慰方式，產生性高潮。
性交──透過「陰莖&陰道」交媾，產生性高潮。
口交──透過口交方式，產生性高潮。
肛交──透過肛交方式，產生性高潮。
前戲──透過前戲愛撫，產生性高潮。
幻想──透過性幻想方式，產生性高潮。

女性高潮，如大軍壓境

臉部紅暈

表情扭曲

耳朵發燙

嘴巴微張

乳房膨大

乳頭硬挺

四肢抽動

陰蒂勃起

下半身觸電般

暖流通往全身

骨盆區域不自覺抖動

陰道括約肌每0.8秒縮放

男性高潮，如一支勁旅

陰莖勃起達到最大程度

肛門收縮

射出精液

前列腺和骨盆區域收縮

兩性高潮，同一模子

心律、呼吸加快

肌肉痙攣

血壓上升

全身出汗

聽說有些女性無法從性交中獲得性高潮，為什麼呢？

部分女性曾表示過，一輩子沒達到性高潮。

女性高潮所以被忽視，因傳統上認為女性高潮不重要，重點在男性高潮；畢竟牽涉受孕、生殖，射精為大。

現代媒介小說、電影、A片把女性高潮描寫熱情如火，誤導一些自覺無法達到「那種性高潮強烈程度」的女性，懷疑自己哪裡出問題，大感內疚。

基本上，健康女性都能達到性高潮，需多瞭解自己身體，並知曉這也有關於前提條件：氣氛、環境、對象。

最大關鍵在於對方是否體貼、在乎；懂得製造刺激。前戲足夠的性交，能讓女性容易達到性高潮。男性若不做前戲，或前戲草率，陰莖急著插入來不及潤滑的陰道，在乾澀中摩擦，女性自然難以享受性快感。

我自慰時，從撫摸陰蒂得到快感，比性交陰道高潮強烈，這樣正常嗎？

據估計，女性陰道高潮發生率只有30%。有八成女性，感覺刺激陰蒂的高潮強度超過陰道高潮。妳也有這種反應的話，是正常的。

性高潮，可以這樣譬喻

很多人覺得性高潮實在太強烈了，言語無法形容；但還是有人試圖想出妙喻，譬如坐雲霄飛車；或靈魂出竅；或瞬間失去了意識，變成真空；或者，以金賽性學博士說法，「打了一個痛快噴嚏」。

浪漫法國人形容性高潮「小死了一般」（La petite mort）；神似古人說的「欲仙欲死」境界。

性高潮，英文「orgasm」，有人藉用它的字首O，以「The big O」表示性高潮。這種說法有點象形：男女高潮時，大張其口確實如「O」字母，喊出了身體的快感。

性高潮：orgasm / sexual climax，口語說法：coming / shooting / getting off（多為男性使用）

陰道高潮：vaginal orgasm

陰蒂高潮：clitoral orgasm

【生活例句】

I am coming.

我要高潮了。

【名人名句】

In my next life, I want to live backwards. Start out dead and finish off as a female orgasm.

下輩子，我想倒著順序活著：從死亡開始，在女性的性高潮中結束。

——美國導演伍迪・艾倫（Woody Allen，獲四座奧斯卡獎）

保險套 condom

小小雨衣，大大有用

「辦事有一套」，是生活中時常聽到的一句話。

當我們肯定一個人工作能力時，會誇獎說「辦事有一套」。任何人被這句話稱讚時，都有一種開心的成就感。

「辦事有一套」，還有另外一個解釋版本，剛好適切用來描述性行為。因為坊間俗稱性交為「辦事」、「辦事兒」，那麼緊接著「有一套」，自然是指保險套。

經過重新解讀，這句話就變成另一種讚美：「發生性行為時，戴上保險套，是一種負責任的辦事態度。」

保險套雖小，卻有「大」功效。全世界角落都有它的蹤跡，從古到今，它跟人類生活一直有最親密關係，麻吉得很。

　　保險套，又稱「避孕套」、「安全套」、「衛生套」。它，還有一個親切暱稱「小雨衣」，表示性生活少不了它。保險套，可以避孕，又能防止性疾病傳染；一「舉」兩得。

　　就像購買衣服、鞋子一樣，每個男人使用保險套，也需挑選適合自己陰莖的尺寸。保險套，並不是買one size，誤以為既然能伸縮，什麼尺寸都行。

所謂「保險套尺寸」

　　保險套尺寸，指保險套的長度與寬度。

　　保險套的寬度，又稱「闊度」。闊度，係先把保險套拉開攤平，丈量中間最寬那一截的尺寸（等於陰莖圓周長的一半）。

　　市面上保險套分為大、中、小、特小四種型號，東方產品標準規格52mm（中號），西方產品規格55mm。

　　保險套的長度，一般攤開16～18公分，足夠絕大多數男生使用。保險套不怕長，過長可捲摺起來。當然也不能長得離譜，容易脫落。

挑選適用保險套

　　適用保險套大小，取決於陰莖勃起後的直徑。戴上後，不宜過緊或過鬆。保險套太緊，容易破，陰莖也會感到不舒服；保險套太鬆，又未即時在射精後取下，會漏精到陰道，避孕失敗。唯有鬆緊剛好的保險套，既提高安全度，也能使性愛「體貼入微」。

很酷的紳士，才這麼做

調查指出，不用保險套原因出在不方便、男方要求不戴。臨到關頭，「假仙也好，裝迷糊也罷」，賴皮、撒嬌、哄騙，就是希望免戴保險套。

大多數女生心裡會響起警鈴，遲疑「不戴套？這樣不好吧？」但這股聲音微弱，被男生聲東擊西就忘了，或不好意思堅持。

就心理而言，要求活力正旺的青少年顧慮「身體健康安全」，戴套可能不是他們心目中最優先思考。應該鼓舞男孩建立一種觀念：戴套是紳士的體貼行為，是超酷的親密禮節。

男孩不妨改變一下想法：戴保險套，就像穿上翩翩禮服，與淑女下舞池共舞？戴套是一位非常體貼的紳士該做的事。

使用保險套，這6點疏忽不得

1. 只能塗抹水性潤滑液，不能「油」腔滑調

戴了保險套，為增加潤滑，只能使用水性潤滑液（潤滑劑）。不得使用油性潤滑液，以免油性腐蝕乳膠保險套，導致破裂。

有一項常犯錯誤，隨身只攜帶保險套，沒帶潤滑液；碰到臨時狀況，就近找尋家中嬰兒油、乳液、防曬油、凡士林、綿羊油、牙膏等物充當潤滑。這是大錯特錯！戴著油性潤滑劑的保險套容易受損、破裂，受孕或感染疾病，風險跟沒戴保險套一樣高。

2. 進入不同的入口，就要換套子

倘若進行肛交後，要翻身轉成面對面性交，戴過的保險套必須更換。這樣，才不會將直腸細菌帶入陰道，造成感染。

3. 保險套不能回收

　　不能為了省錢，將用過的保險套洗一洗，留待下次使用。

4. 保險套不能丟馬桶

　　使用過的保險套不宜丟進馬桶，因乳膠無法分解，可能阻塞馬桶。完事後，應取下保險套包好，放進垃圾桶。如擔心被發現，需準備塑膠袋包好，在外丟棄。

5. 戴兩個保險套，更不保險

　　有人以為：既要保險，「買兩份保單」最安全吧！胸有成竹，將陰莖戴上了兩個保險套。事實剛好相反，兩層套子比一層套子更不保險；因雙層保險套交疊，經過不斷抽送、摩擦，反而容易破損。

6. 給未用保險套一個好歸宿

　　注意，保險套也有保存期間、存放條件。尚未使用的保險套應存於乾燥涼爽處，例如不能放在車裡，以免直接日曬，受到溫度、濕度影響而變質。

我是男生，沒有那方面經驗，想知道怎樣正確戴保險套？

首先，撕開保險套包裝，就是一門學問。

從鋁箔包裝的邊緣小心撕開，把天然乳橡膠輕輕取出。過程請留意，若女生負責拆包裝、戴套，小心自己的指甲、戒指，過去常發生保險套因此被刮破。拉鍊、扣子、腕錶等，通通要注意。若男生負責取保險套，也不宜耍瀟灑，用一邊牙齒咬開鋁箔，一咬偏了，就將保險套咬出個小洞。

接著，簡單兩個步驟跟著做：

捏一捏尖端

先把保險套尖端那一粒突出小囊袋（約2cc），以手捏扁，擠出裡面空氣。可避免射精後，原有的空氣加上噴出的精液量膨脹，造成保險套破裂。

推一推套子

保險套有一圈縮捲起來的圓箍，把捲起的那一面朝外，放置龜頭上。

一手抓住勃起陰莖，另一手把保險套那圈捲環，藉著保險套本身附有的潤滑劑往下推，直到套住陰莖根部。

請注意！往下推保險套時，不要以指甲接觸，會刮損保險套表面。應以拇指、食指指腹輕輕地推捲圈，向下延展。

我看網路圖片，保險套花花綠綠，究竟有哪些種類？

保險套，最常見「標準型」；套上後緊貼陰莖、表面光滑、乳白
透明。

為了增加情趣，有的保險套附加不同設計功能。例如增加顏色：
多了紅、橘、黃、綠、藍、黑六色。有的發出螢光，在黑暗中發
亮，添加視覺趣味。

有的為增加摩擦快感，保險套表面多了變化，如顆粒、螺紋，或
附加震動環。

還有加味保險套，添加了果味、花香、巧克力等口味。

從羊腸到超薄型,一條長路

早在古埃及時代,人們已利用牛、羊膀胱和盲腸做成保險套。當
時,沒有節育人口這回事,戴套是避免感染性病。15世紀義大利
人發現了亞麻製作保險套,成功預防了梅毒感染。

1843年,透過「橡膠硬化法」,大量生產廉價、可靠的保險
套。到了1930年代,液態乳膠發明,成了目前全面使用的保險
套質材。

精益求精,1990年代發展出單一聚亞胺酯,又稱「矽膠」,韌
度是乳膠兩倍。因矽膠可製造更薄的安全保險套「超薄型」,更
受使用者歡迎。

英文小黑板

保險套:condom
潤滑液:lubricants,簡稱 lube

【生活例句】
How does one choose lubricant for pleasure and safety?
如何挑選能製造愉悅且品質安全的潤滑液?

【名人名句】
The best advice I got from my dad? Wear a condom.
我爸曾給我最好的建議是什麼?戴保險套。
——英國企業家理查.布蘭森(Richard Branson,維珍
集團執行長)

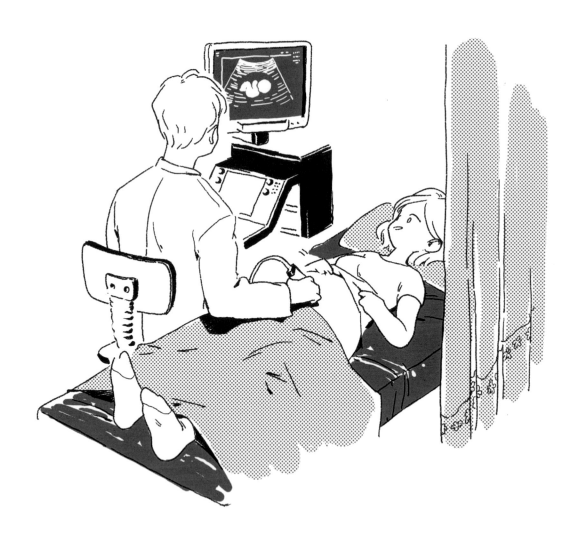

懷孕

pregnant

少女蒙娜麗莎未必在微笑

大家都知道世界名畫《蒙娜麗莎的微笑》，笑中有一股喜悅、幸福；據說她當時懷了孕，是快樂準媽媽。

懷孕，是女人一生最重大事件之一，身體、心情都出現巨大變化。

影視劇常演到這種情節，女主角說：「這個月我『那個』沒來？！」接下去男主角有兩種反應。

第一種，男主角喜上眉梢，抱起她原地旋轉，快活地說：「我要當爸爸了！」

第二種，男主角一臉錯愕，像垂頭喪氣公雞，喃喃自語：「妳確定？怎麼會這樣？」

主演第一種，多數是已婚夫妻、伴侶，有心理準備迎接小孩，既興奮又緊張；照著幸福劇本演下去。

主演第二種，以青少男、青少女居多，性知識不足，沒做任何防護；以為能僥倖過關，結果賭輸了。不僅男生納悶「怎麼會這樣」，連有些女生對自己懷孕也全在狀況外。這齣青春戲裡的蒙娜麗莎，未必笑得出來了。

懷孕，是年輕人性教育重頭戲，必須用心學習，拿起螢光筆來回多畫幾次重點。

「咦，這個月，怎麼『大姨媽』沒來！」女生有這種懷疑，很大成分可能懷孕了。

月經沒來，是懷孕最初期現象。女性在性行為後超過正常經期兩週，就可能懷孕了。

為了確認，可用驗孕棒，在推算懷孕一週後檢驗。最準確的方式，直接去醫院接受血液檢驗與腹部超音波檢查。

懷孕，是一場接力賽

懷孕，聽起來是一件事。事實上，是一棒接一棒的接力比賽，由以下幾個過程組合：

1.性交

接力第一棒，男女雙方進行性交，達到高潮，男性射精在女體內。

2.受精

接力第二棒，精液射入陰道，精子可在子宮、輸卵管內生存48～72小時，這段時間都是精子的奮鬥期。

男性一次射精量最高約有1～2億精子，大部分在女性生殖道酸性環境中，失去活力而死亡。

這是進化的神奇策略，每次射精之所以有數量龐大的精蟲，絕大多數是用來進行消耗戰，以保護最英勇「300壯士」上壘。這些剩餘精子仍繼續奮泳，其中游在最先，或幸運找到捷徑的那一隻精蟲，順利鑽入卵細胞。

當這一條頭上綁頭巾，寫著「必勝」二字的精子一旦鑽入，卵

細胞隨即啟動自我防護機制，形成保護膜，防止其他精子進入。

3.著床

接力第三棒，這一尾精子鑽進卵子後，結合為受精卵。受精卵會埋入子宮內膜裡，完成「受精卵著床」。著床後，子宮內膜會產生一系列有利胎兒生長的變化，給予胎兒充分營養。

4.妊娠

接力第四棒，胚胎外層長成胎盤，胎盤從子宮壁接收營養，直到分娩。此時，接力賽跑完全程。

懷孕三階段

俗稱「十月懷胎」，分為三期：

初期

懷孕1～3個月。孕婦易感疲倦，昏昏欲睡，心情緊繃；也會頻尿、乳脹。應注意作息正常，多休息、飲食適量、避免熬夜。

初期徵兆，害喜明顯，出現晨吐。大約一半孕婦都有晨間害喜。

中期

懷孕4～7個月。孕婦晨吐現象獲改善，適應了體內荷爾蒙變化。這幾個月是孕程最舒服時段，孕婦睡眠品質提高。但肚子漸大，常感腰痠背痛。

晚期

懷孕8個月至分娩。子宮內嬰兒位置下降，再度感到頻尿。胎動增加，時睡時醒，身心倦累。

最佳受孕狀態

女性最佳懷孕年紀20～30歲間，生理狀態最適宜接受生小孩的承擔，產後也最有體力撫養嬰兒。男性最佳生育年齡為20～35歲。

年齡超過35歲女性，受孕能力明顯下降；如成功受孕，即所謂「高齡產婦」。現代晚婚風氣，高齡產婦數量逐年增多。

最好受精時機，是準父母身體健康，精力充沛、情緒飽滿，合作製造出一顆最佳狀態受精卵。

當意外發生

流產，是懷孕最不幸、令人遺憾的結果。早期自然流產，可能因內分泌失調、胚胎本身有缺陷。也可能因孕婦情緒急遽變化，如受創、驚嚇、恐慌、悲傷，導致體內環境失調，引起子宮收縮而流產。

墮胎，又稱終止懷孕、人工流產，以外力將子宮內的胎兒清除。通常，墮胎是基於孕婦的健康、利益、處境，阻止嬰兒誕生。

國內青少女非預期懷孕而墮胎是一個黑數；顯示針對年輕人的性教育更要落實。

　　根據報導，台灣未成年懷孕比率高，青少年該如何保護自己？

青少年間，交往中的親密關係是一門生命課題，需要好好思考、愛惜自己，保持冷靜處理的能力。

國健署為防範未成年約會懷孕風險，提出了ABC三撇步。A是Abstain，指「戒急用忍」，不要一時性衝動沖昏頭，需能及時煞車。B是Be-responsible，指「事前慎思」，再三確定是否已有承擔懷孕後果的心理準備。C是Condom，指「使用保險套」，做到避孕與預防性病。

如果青少女懷孕了，將會面對什麼狀況？

國內青少年第一次性行為年齡在下降中，人數越來越多。

青少女懷孕原因不一而足，有幽會一時衝動；有想滿足好奇，最後守不住底線；有不知如何拒絕，半推半就；有擔心不照男友要求，他會離去。這些臨時起意，難以事先準備避孕。男生應將心比心，體諒萬一青少女懷孕了會獨自付出更龐大代價，因懷孕後果都由她的身體承擔。

生育小孩，需耗費大量勞力及可觀經濟。懷孕，對仍在求學、追求人生目標的「小媽媽」來說，投下了一個大變數，被迫改變生命全盤計畫。

未成年少女少男都應認真想清楚，「一時衝動」與「一生藍圖」究竟哪一個重要？如果青少女發現懷孕，不要自行匆促下任何決定；可先向學校輔導系統或家長求助。

性行為需使用保險套，除了避孕，另一重要目的在預防性感染病，年輕人一定要學會保護自己。

學校沒教
的事

人類，是「有性生殖」

生命繁殖，主要有兩大類：無性生殖、有性生殖。

1.無性生殖，指生物體直接由母體細胞分裂，產生新個體。如酵母菌、草履蟲、菇類、海星、水蚤等。

2.有性生殖，指卵子細胞需與精子細胞結合，成為受精卵，孕育新生命。人類與動物（一些低等動物除外）的繁殖屬有性生殖，透過受精作用，形成受精卵，再經分裂與分化，成為胚胎。

有性生殖，不一定都需性交。如青蛙、魚是體外受精，就不需要性交。有些植物也屬有性生殖，花朵雄蕊上的花粉，透過不同途徑（如蜂蝶沾黏的「蟲媒傳粉」），送至雌蕊柱頭，萌發成為花粉管後，可將精細胞送至雌蕊的胚珠（內有卵細胞）。精卵結合，就會有新的花開出。

英文小黑板

懷孕：**pregnant / got pregnant**

【名人名句】

Being pregnant finally helped me understand what my true relationship was with my body – meaning that it wasn't put on this earth to looking good in a swimsuit.

懷孕，最終讓我瞭解到我與自己身體真正的關係：它存在這個世界上的意義不是為了穿泳裝好看。

——美國演員艾美‧亞當斯（Amy Adams，以《瞞天大佈局》獲金球獎最佳女主角）

避孕

ontraception

天上掉下的禮物？喔，不！

避孕，是人生大事，也是世界大事。

避孕，又稱生育控制。目前全世界人口超過75億，成了科學家口中的「人口爆炸」。全球人類繁衍速度比食物生長更快，若不節育一下，我們這一顆藍色美麗星球負擔越來越沉重。

避孕，對個人一生影響甚鉅。凡在體能、心理、經濟各方面還沒有充足準備下，受孕都不是意外驚喜，而是意外驚恐。

儘管「未在人生規劃內」、「時辰未到」、「條件未成熟」，但依然有人貪一時之快便宜行事，未採取避孕，自然種瓜得瓜，種豆得豆。不過，這不是「天上掉下來的禮物」，而是「天下掉下來的冰雹」。

避孕，也稱「節育」。

避孕這二字，意思偏向在性行為中避免懷孕。節育這二字，則偏向已有小孩或基於健康、經濟等因素考量，不想繼續生育。

避孕，有幾種適用方式：

男用保險套

這是使用最普遍的避孕途徑，也是較安全的性行為（safer sex），男生射精在保險套中，精液就不會進入女體，與卵子結合，導致懷孕。另外，戴保險套也是安全性行為之一環，可預防性病感染。

一般談到避孕，十之八九指男性戴保險套，既方便又簡易，成功率最高。不過，還是提醒任何性行為皆有其風險。

女用保險套

說實在，沒什麼人見過女用保險套盧山真面目；它是一次使用可拋式、不含香料的保護罩。

女用保險套有一個內環，能以三根手指頂住，像插棉條那樣，方便迅速地擠入陰道內壁。

口服避孕藥

口服避孕藥（口服避孕丸）是一種合成藥，含兩種女性荷爾蒙：雌性激素、黃體素，能抑制卵巢功能。當卵巢不能排卵了，自然無法受孕。但必須配合月經周期服用，才能發揮藥效。

也有人使用事後避孕藥，俗稱「事後丸」。這是用於未事前避孕之緊急避孕措施，需在性行為之後72小時內服用。

避孕貼

這是一種膚色的貼片，可貼在下腹、臀部、上臂、胸口。貼片的荷爾蒙會透過皮膚吸收，發揮跟口服避孕藥一樣藥效。

計算安全期

有些人不喜歡避孕工具如戴套、服藥，就會選用安全期避孕法。安全期避孕，指女性在所謂「危險期」內避開性行為的避孕法。

女性排卵日，一般在下次月經來潮前14天左右。危險期，也就是排卵期，是指排卵日當天，加上前5天，以及後4天，一共10天。

這段期間，對避孕者而言，是要閃過的「危險期」；但對想懷孕者，則是期待的「受孕期」。

女性經期並非都是標準28天，有長有短，以計算安全期來避孕其實不安全、不牢靠。

如果男生不喜歡戴保險套，說戴了沒感覺，該怎樣辦？

男生不戴保險「套」，總有一「套」解釋，像說：不戴比較舒服、有一層擋著射不出來、愛我就不要叫我戴……這些理由都離不開以「我」為中心，沒顧到「她」的感覺與壓力。畢竟，若不戴套而懷孕，是女生身體在承擔沉重後果，而不是男生。

「No Condom, No Sex」（不戴套就不做）是一句女生自保口訣，簡單扼要容易記。所謂「女性的性自主」，應保護好自己，堅持不盲從於對方性需索，被迫勉強。

舊式避孕，男戴保險套，女服避孕藥，雙管齊下。男生若不願被套，或許會轉而要求女生服藥避孕。只不過，女生服藥固然能避孕，卻防不了性傳染病。

此外，同性間的性行為，若為插入式性行為，也會有同樣的困擾，應該要戴保險套保護彼此。

如果沒戴套，在快射精前，趕緊把陰莖拔出，射在體外，這樣有效嗎？

這種體外排精的方式，稱「射精中斷法」、「陰莖抽離法」，是古老節育法。

理論上似乎行得通；但男生即將射精，高潮已到不可自拔了，很難能精準操作「體外射精」。

有些男生儘管在事前說，會射在體外；到最後，也常沒拔出就直接射在體內。所以靠體外射精來避孕，風險很高。

全年無休，國際避孕日

9月26日，是「國際避孕日」，這是一個國際性的公益紀念日，用意在：喚起年輕人避孕的意識，提醒年輕人對性行為擔負起責任，提高安全避孕率，改善生殖健康。

避孕這樣的大事，當然不可能只靠一日活動發揮功能；但「國際避孕日」的願景為「建立一個沒有意外妊娠的世界」，全年無休地宣導正確的避孕態度。

「國際避孕日」每一年都提出了不同的口號，由不同角度切入關懷面，如「你的生活，你的身體，你的選擇」、「我避孕，我做主」、「愛要負責」、「愛，不要傷害」、「健康避孕，你的權利，你的選擇」等。

英文小黑板

避孕：contraception / birth control

【名人名句】

My best birth control now is just to leave the lights on.

我現在最好的避孕方法，就是把燈開著囉。（喜劇用法，意思在自我解嘲）

　　——美國電視節目主持人瓊·瑞佛斯（Joan Rivers，老牌喜劇脫口秀紅人）

（　附錄 index　）

性騷擾

sexual harassment

連摸摸也不行喔

人生，像一趟旅程，沿途會遇到許多「意外的旅客」；有時產生「交會時互放的光亮」，彼此珍惜；但，有時也有倒楣透頂的經驗。

跟喜歡的人相約，你情我願共度歡樂時光，這種人叫做「嬌客」。一場賓主盡歡之後，依依不捨，期待再相會。

有些人卻不請自來，突然無禮出現，這種叫「不速之客」。有的更逾越尺度，粗魯不敬，強占便宜，是道道地地「奧客」、「惡客」，叫人嫌惡。

這層主客關係，也能對照到人際關係上。遇見嬌客很開心，然而不幸地，少數會遇見不安好心眼的奧客、惡客，得寸進尺，侵犯到他人身體自主權。

上述狀況，只要與性、性別有關，任何不受到歡迎，讓你不舒坦，感覺被冒犯、被欺侮，就是性騷擾，嚴重也可構成性侵！

　性騷擾

　　利用言語、行為，造成他人不悅、反感，如性暗示、性冒犯、性親近與性侵害。被騷擾的對象不限性別，包括女性和男性。

　　這種不良行為較多發生在學校、職場，程度輕重不等。

性騷擾的範疇：

1.講話輕浮，口頭上愛吃豆腐。

2.輕佻批評他人身材、衣著、舉止。

3.自得其樂亂開黃腔，講黃色笑話、故事，刻意引述跟性有關新聞。

4.表現自以為風流的調情。

5.裝得若無其事，碰觸別人身體，次數不只一次。

6.故意裝成友好關心，對他人做出摸、抓、捏、拍等小動作。

7.透過手機，傳送不雅猥褻圖文。

8.直盯他人身體，尤其敏感重要部位。

9.暗示或威脅要求發生性關係。

10.強制侵犯他人身體。

　　過去，校園存有灰色空間，同學自認基於好玩，戲弄他人、欺凌他人，常被以「調皮」、「行為惡劣」帶過；但近年間，「校園性侵害性騷擾或性霸凌防治準則」頒布後，黑就是黑，白就是白，學生必須為自己行為負責。

　　任何違反當事人意願的身體觸碰，都可能變成性騷擾，甚至連摸摸也不行。例如，即使你要安慰別人，想拍拍別人肩膀，最好問一聲：我想安慰你，可以抱你一下嗎？

只要有人提出性騷擾的檢舉或舉發，學校就一定會介入，交由性別平等委員會調查小組調查；如涉及性侵，同時也會進入法律程序。

口頭霸凌，跟身體性騷擾都要杜絕

校園中，口頭騷擾不亞於身體性騷擾，如以身體外表、性別氣質、性取向、性特徵，為同學亂取「波霸」、「男人婆」、「娘砲」、「死gay」等綽號，加以嘲笑譏諷，這種「以歧視、侮辱之言行，有損他人人格」做為，明確違反了「性別平等教育法」。

學生也不能天真地置身事外，自覺與這些有何干係？正確態度應該主動多瞭解性騷擾。這樣有兩個好處：一、知道保護自己，避免成為性騷擾的受害人；二、避免在不知道情況下踩線，自己莫名其妙反成了性騷擾加害人。

2004年，立法院通過「性別平等教育法」，明訂校園內禁止性騷擾、性侵害及性霸凌行為。教師有了教材指導、學生有了明文規範。

除了校園有形空間，另有一種新興的性騷擾空間：網路虛擬世界。年輕人花在網路時間越長，卻鮮少謹慎看待文字與影像可造成的傷害。例如，透過網路社群像在臉書上，發布損及他人名譽的不當文圖，可能已涉及散播不當言論，甚至性騷擾。提醒年輕人勿以為處在虛擬中，就能為所欲為。

性騷擾防治專線：113（24小時開放）。或向所屬學校的性平窗口進行舉發。

性侵害

性侵害，泛指違反他人意願，對他人做出性的相關行為。

這些行為包括：強制性交（口交、肛交）、強行接吻、性虐待、露下陰、窺淫等。

強暴，是其中最惡劣一種。近年，校園很關心女學生最容易遭受「約會暴力」。約會暴力，指在追求與約會過程中，一方對另一方施加有關性方面的口頭威脅，或肢體侵犯行為，或限制行動。

約會暴力如果惡化，可能演變為「約會強暴」，發生強制性行為。以男生強行對女生為例，因素包括：

以為女生說「不要」就是「要」。

女生原本同意發生親密關係，臨時改變主意；但男方不接受女生反悔。

以「妳不跟我發生關係，表示不愛我」、「妳不配合，我就去找別人」為由脅迫女生。

知識是最重要的自保護盾。每一個人應該明白，我們擁有「身體自主權」（say yes means yes），清楚知道自己喜歡什麼、不喜歡什麼的身體互動，以及對於任何讓自身不舒坦、覺得不對勁的言詞與行動，必須堅決表白拒絕立場，有勇氣說不！必要時逕行舉發，不讓自己和更多人受害。

約會若變成暴力真可怕，怎樣才能避免約會暴力？

約會暴力，與約會對方有關。首先，慎選交往對象。如脾氣不穩易失控、嫉妒與疑心重、抗壓性低、占有欲與控制欲太強，都不適宜做為一個發展健康情感關係的對象。

雙方開始交往後，應溝通對於「親密範疇（底線）」的定義是否一致。交往期間，持續觀察對方性格，確認感情是否建立在互相尊重上。

約會進行中，特別注意「約會迷姦藥」，提高警覺，不喝對方提供的水杯或飲料，也不飲酒。如對方有強制跡象，溝通無效，應盡快安全離開現場。

性騷擾、性侵害的受害者，事後該怎樣心理復健呢？

性騷擾、性侵害受害人常承受身心極大痛苦。擔心對方報復、曝光後受辱、第二度傷害，可能長久走不出陰影。

受害人會先咎責自己，懷疑自己做錯什麼？是自己招來嗎？無論多麼潔身自愛、循規蹈矩，但受害一次就不得翻身，被視為壞女孩！這些自我批判相當嚴重，心理糾葛也非常複雜，經由「校園受害人心理復健評估」，可接受心理復健治療。

近年來，許多校園性別事件因媒體的獵奇披露，而導致當事人隱私透過可被辨識出的報導，或網路肉搜，再度傷害的案例也不在少數。

性騷擾：**sexual harassment**

性侵害：**sexual assault**

【生活例句】

性騷擾，在校園中是最不必要、最不受歡迎的行為。

Sexual harassment in schools is the most unwanted and unwelcome behavior.

性病

sexually
transmitted
disease

蘋果裡的害蟲

性，人們常喻為「禁果」，蘋果外表鮮紅光亮，果肉甜脆清香，當成性的譬喻，確有幾分貼切。

外觀完好的蘋果，偶爾有蛆蟲藏匿其中；性，跟蘋果一樣，有好的一面，也有壞的一面。壞的那面，就是指「性病」。

發生性行為時，若沒做好安全防護，誰都不能擔保不會感染性病。關於性方面，青少年知識較貧乏，對世事看法較天真，總覺得「不會這麼倒楣被傳染吧」。

今日，青少年罹患性病比例上升，性病感染年齡有下降趨勢；這種事不能心存僥倖，想憑運氣闖關。防治性病，基本功是知識。有了基本功，才可進一步練成金鐘罩，加持護體。

認識性病、瞭解性病、進而預防性病，是自保三大要訣。性病，除透過性行為傳染，更藉著無知在傳播擴散。

性傳染疾病，簡稱「性病」，舊稱「花柳病」，經由性接觸感染的疾病。

淋病

淋病，俗稱「白濁」，一些人說「中標」。由淋病雙球菌感染，一般接觸病菌後2-7日，開始出現症狀。

【症狀】

男性淋病症狀較明顯，初期尿道分泌黃白色濃液，排尿灼熱刺痛。一個月後，病況看似好轉卻不然，淋病菌由尿道進入體內。初期症狀被網路年輕人稱為「小弟弟在流鼻涕」；一旦察覺有此現象，需立即就醫。

女性感染淋病不如男性明顯，初期不覺疼痛，陰道排放黃白色濃液，白帶增多。

女性因陰道較短，容易擴散為膀胱炎，產生頻尿與疼痛感。也可能造成前庭腺發炎，使性交痛不可當。

【提醒】

千萬別以為得了淋病，就不可能感染梅毒及其他性病；這種心態是錯的，淋病患者照樣會染梅毒等性病，因為這些性病傳染途徑皆同。發生不安全性行為後幾日，需注意上述淋病症狀是否出現？

淋病潛伏期短則2～3天，最長一週。需服用或注射抗生素治療，大多一次可治癒。若拖久變成慢性病，或細菌有抗藥性便棘手多了。

梅毒

梅毒，經由不安全性交、血液途徑傳染，由梅毒螺旋體引起的慢性傳染病。

淋病、梅毒並列「性病的雌雄雙煞」，可見多麼難纏。

梅毒歷史悠久，早於哥倫布航行發現新大陸時，已在世界各地散布，現在仍有許多人感染梅毒。愛滋病未出現前，梅毒是最令人畏懼的性病。

梅毒之所以刁鑽，在於它臨床症狀複雜，有時症狀並不明顯。

【症狀】

按表現區分為三期：

第一期

不安全性交後2～4週，生殖器官（如男性陰莖冠狀溝、包皮內外）出現潰瘍，稱為「硬性下疳」。雖有潰瘍，大多不痛不癢，容易被忽略。

雖然沒有用藥治療，硬性下疳會逐漸消失癒合，但梅毒仍存在體內，持續造成破壞。

第二期

第一期若未治癒，感染4～10週進一步發展，皮膚出現不怎麼癢的對稱性粉紅皮疹，稱為梅毒疹；如梅花綻放，「梅毒」以此得名。有些疹以膿皰表現，這些皮膚病灶帶有感染性病菌。另有人伴隨禿髮、淋巴腫大等表現。

梅毒症狀常不明顯，而最引人注意就是身上有玫瑰皮疹，此時是治療梅毒的好時機。如同一期梅毒，就算沒有治療，皮疹會自行消失，患者容易以為痊癒了，並非如此。

第三期

經歷第二期後，梅毒進入潛伏期，從初感染算起，可長達3～15年，慢慢全身會出現觸摸得到的結節性小塊；梅毒也開始侵犯心臟、血管、神經、腦部、骨頭，有失明、癱瘓之虞，亦可能致命。即早診斷治療才是上策。

【提醒】

與人親密前，機警觀察對象的皮膚、重點部位是否有上述潰瘍現象。

淋病像刮刮樂，有沒有「中獎」，當場刮就知曉。梅毒的病程較慢，病毒不僅侵犯皮膚，也會攻擊體內組織器官；它「恬恬吃三碗公」的滲透法，不同於淋病「敲鑼打鼓」，這隻毒蟲更陰險，要多三分提防。

梅毒可以治癒，需要由抽血診斷，治療後仍需抽血追蹤。治療成功後若仍持續有風險性行為，有機會再次感染。

披衣菌

披衣菌，與淋病、梅毒是性病三大巨頭。目前研究，披衣菌感染是某些國家最常見的性病。

【症狀】

披衣菌感染，屬一種細菌感染，感染途徑為性接觸，大部分感染者不會感到明顯症狀。

若有症狀，早期出現性器官發炎、陰道或尿道有分泌物、排尿困難、尿道灼痛、排泄物異常、下腹及性交疼痛等。

沒有症狀的性病，跟不吠卻會咬人的狗一樣令人心驚膽跳。美國每年有四成以上感染披衣菌的婦女，嚴重到骨盆腔發炎才知病蟲坐大，延誤就醫時機。最糟可導致輸卵管炎、不孕。即早檢驗，透過抗生素可治癒。

目前，披衣菌是青少女骨盆腔發炎的常見病菌。特別留意，披衣菌好發於年輕人，性行為活躍、常更換性伴侶的人更不能疏忽。

披衣菌潛伏期約1～3週，很多病例常在不知已感染披衣菌情況下，又傳播病菌出去。

軟性下疳

軟性下疳，俗稱「疳瘡」，是一種急性細菌感染。軟性下疳與梅毒初期典型症狀相似，都以生殖器潰瘍傷口表現。

【症狀】

病灶出現在生殖器部位，經由性接觸感染。潛伏期3-6天，病灶好發於男性冠狀溝、陰莖繫帶、包皮內、龜頭、肛門；女性發於陰唇、陰蒂、尿道、肛門等，潰瘍是典型病灶表現。軟性下疳疼痛比梅毒潰瘍明顯，潰瘍多併有分泌物。

尖頭濕疣

尖頭濕疣，又稱「陰部濕疣」、「性濕疣」。由人類乳突病毒

（HPV）引起，潛伏期約2～3個月，甚至可長達8個月至1年。目前有疫苗可以進行施打預防感染。

【症狀】

在生殖器官（男性陰莖、龜頭、尿道口、陰囊；女性外陰周圍、陰道內、子宮頸），及肛門附近，長出菜花狀肉芽或肉粒（乳頭狀小瘤）。

首先是單粒，逐漸長出叢狀多顆粒病灶，故俗稱「菜花」。也可能發於身體其他皮膚部位，如手臂、臉部、頸部，或侵犯眼、鼻、口腔。雖然可治療，但仍可能復發。

【提醒】

菜花，不痛不癢，病灶沒潰爛、無分泌物，初發小粒不明顯，患者往往不自知。長在肛門附近，常被誤認為痔瘡。

有些患者到藥房自行買藥膏塗抹，自認無事。直到顆粒越長越多，越來越大，才覺察異常。患者常在不知情下，而傳染給他人。

陰道滴蟲病

陰道滴蟲病，簡稱「滴蟲病」，一種常見的陰道發炎疾病，蟲寄生在女性陰道、尿道。雖稱「陰道滴蟲病」，但男性也會被感染。

它有兩種傳染途徑：經由性交直接傳染，或使用公共浴池、廁所、泳池，透過媒介間接傳染。滴蟲病雖不難治癒，但仍有再發可能。

【症狀】

滴蟲病會使陰道產生黃綠色分泌物，並散發出不悅氣味，且排尿疼痛，造成性交不適、陰部發癢、白帶增多。而男性感染症狀，顯現於尿道口、包皮紅腫刺癢。

陰蝨病

陰蝨病，由陰蝨所引起的傳染性皮膚病。陰蝨，為一種人類毛髮裡的寄生蟲，屬於性病一種。

陰蝨體積微小，約1～3毫米，附生密集陰毛或肛門周邊體毛處。蟲身體扁平，遠看像皮屑；近看像小螃蟹，多為褐色。

陰蝨病，是傳染機率最高性病。如性伴侶身體寄生陰蝨，一次性交就被傳染機會高達九成。

【症狀】

感染陰蝨病後，典型症狀是小腹到下體癢不可當。起初患者只覺奇癢，但多不留意，僅用塗抹藥膏止癢；直到看見內褲沾著許多紅斑出血點（陰蝨吸血造成不斷搔癢，皮膚出血），才知不尋常，硬著頭皮就醫。

【提醒】

陰蝨病，除了性接觸感染，公用浴巾或床單，也可能是傳播途徑。治療方法為剃光陰毛，塗抹專門治療陰蝨的藥膏，另需注意毛巾或貼身衣物應好好清潔處理。

疥瘡

疥瘡，歷史悠久，是一種元老級皮膚病。由寄生蟲（疥蟲）引起，傳染率極高。

【症狀】

疥蟲，如針頭大小，肉眼幾乎看不見。男女老少皆可能感染，好發於四肢、身體皺褶處，如指間、趾縫、股溝、腋下等。皮膚症狀主要是長出丘疹，常在夜間發作劇癢。如未獲治療，易演變為頑癬，常因搔癢而擾亂患者生活。

【提醒】

疥瘡，是皮膚直接或間接接觸到別人身體上的疥蟲。它從感染開始，一個月後才發病，症狀雖惱人但治療簡單有效。有些疥瘡傳染途徑來自親密體膚接觸，因而被世界衛生組織列入性傳染疾病之一。然而，染上疥瘡，不等於與人發生性行為受感染。

防止疥瘡，生活需講究衛生，包括環境衛生、個人衛生。保持生殖器外陰部清潔、每日更換內衣褲，也避免與他人共用寢具、內衣褲、泳衣等。

生殖器皰疹

　　皰疹，是一種濾過性病毒感染，目前已知八種病毒型別，可引起單純皰疹、水痘及帶狀皰疹、卡波西氏肉瘤等。

　　以上均非性病，只有生長在性器官部位，稱為「生殖器皰疹」，才屬性病。

　　生殖器皰疹，又稱「陰部皰疹」，以透過性接觸感染最常見。

【症狀】

　　生殖器皰疹，通常出現在生殖器官表面，症狀多為先發癢，接著出現一撮感到劇痛的小水泡。3～4天後，小水泡破裂潰爛，流出透明液體。上述潰瘍紅斑約在10天結痂，自動痊癒。但它具有復發能力，當免疫力低下時又會冒出，不能掉以輕心。

性病聽起來都很可怕，應採取哪些方式預防性病？

最簡單答案，就是：戴保險套！戴保險套！戴保險套！

採取安全措施，從事性交，都要戴保險套，減低感染性病機會。

避免與性健康背景不瞭解的人發生性接觸。

完事後，以肥皂水清洗生殖器，並無科學證據可預防性病，但維持清潔衛生應該是基本的。

過之猶不及，有些女性擔憂染病，常以清潔劑清洗陰部或灌洗陰道，反而改變陰道內原有酸性環境，破壞身體自然保護機轉，促成病菌滋生。

性伴侶數量越多，相對地感染性病機率就越大。

萬一參加來歷不明派對，避免喝現場提供的酒精飲料、不吃別人給的不明藥物，保持清醒。

若與人發生性行為後，身體出現異狀或心存任何懷疑，不要諱疾忌醫，趁早檢驗、治療。

一個人若有性病，從外表看得出來嗎？

性病患者穿上衣服，生活舉止跟一般人無異，無法從外觀判別。

但卸去衣物後，性病症狀可能明顯出現在性器官上，如陰莖或陰唇有潰瘍、嚴重發炎、紅疹、皰疹、不明分泌物等。

有的性病不會明顯出現在生殖器，如愛滋病，因病毒藏在患者精液或陰道液中，肉眼無法察覺。故不論任何情況下，安全性行為都是優先要做。

多數人可能不知道B型肝炎也屬性病，因它是一種可透過性接觸的親密行為而傳染的疾病，故列入性病範圍。

只要身體沒出現性病症狀，是否就不必就醫？

身體感染性病，未必都會出現目視清晰的病灶，或明顯症狀。沒有症狀不表示一定安全，只要發生不安全性接觸，而懷疑染疾病，造成事後心理壓力大，唯一途徑是就醫，尋求專業諮詢。
性病的病原菌有個特性：不容易傳染（需有黏膜、體液親密接觸，不是一碰到就被傳染），雖然臨床上不容易培養與診斷，但正確治療是容易痊癒的。感染性病者常因不好意思看門診，在坊間隨便買藥服用，延誤本來容易治療的病情，造成遺憾。

本身並沒有性接觸，卻出現類似性病的症狀，為什麼？

上述一串性病名單中，有些確可經由性接觸以外的途徑感染，如陰道滴蟲病、陰蝨病、疥瘡等，可能因為在公共場所接觸共用物而感染。但也不應過度擔憂，大部分性病感染還是經由性接觸得到，若有疑似症狀，建議儘速就醫，尋求專業諮商。

性病：**sexually transmitted disease**，簡稱STD

淋病：**gonorrhea**

梅毒：**syphilis**

衣原體病：**chlamydia**

B型肝炎：**hepatitis B**

生殖器皰疹：**genital Herpes**

愛滋病 AIDS

你絕不能不知道的疾病

除非會繞口令，不然即使照稿念，也很難將「後天免疫缺乏症候群」一口氣念得清楚。

「後天免疫缺乏症候群」英文原名更長，為方便起見，醫界簡稱「AIDS」（愛滋病）。

台灣衛教從小扎根，許多國小、國中、高中、大學生對「愛滋病」三字也許不陌生；但究竟對愛滋病真正認識多少：如何預防愛滋病？愛滋是如何感染？如何治療愛滋病？多數無法完整回答這些大問號！

防範愛滋，人人有責，只要開始接觸到性行為的年紀都有責任。先從自己做起！這不是口號，是永保安康的護身符。天靈靈，地靈靈，戴保險套最靈！正確並堅持使用保險套，採取安全性行為，才能讓愛滋止步。

愛滋病，非指單一個疾病，而是身體感染了「人類免疫缺乏病毒」（簡稱HIV，有時也稱「愛滋病毒」），免疫系統遭受破壞，因而失去原本抵抗病菌的能力。

一旦各種病菌伺機侵襲，缺乏免疫力的身體就如一座老弱殘兵駐防的城堡，輕易被疾病長驅直入，嚴重可導致死亡。

HIV只會攻擊沒做安全性行為的人

HIV沒長眼睛，不會只攻擊某一類族群。將HIV歸類所謂某些高危險群才會感染，只會讓人們忽略了對所有人的戒心。任何人只要從事可能造成感染的風險行為，不分性別、年齡、性傾向，都可能感染HIV病毒。

1980年代愛滋病爆發，病患大量死亡，被視為「20世紀黑死病」；大眾聞之色變，染上愛滋像得了絕症。1995年，醫界發明雞尾酒療法，感染者持續穩定服藥，可抑制病毒肆虐身體，維持一定健康，目前觀察壽命跟一般人沒有什麼兩樣。

治療將長達一生

感染HIV，治療過程長達一生，比一般性病花費醫療、社會成本較大，成為世界各國預防性病的前線重點。

近年，政府與民間致力愛滋病防治宣導：除提倡安全性行為外，建議一些性生活活躍、不只有單一固定性伴侶、每次未全程正確使用保險套人士，都勇於接受HIV篩檢（或匿名篩檢）。

【症狀】

感染HIV病毒後，通常不會立即發病；初期症狀類似感冒，出現發燒、疲倦、肌肉關節痠痛、咽喉痛等症狀，也可能腹瀉、體重減輕，數週後症狀消失。這並不表示已經沒病了，病毒仍持續存在體內。

愛滋病，分為三個時期

愛滋三個時期：空窗期、潛伏期、發病期。

所謂「潛伏期」，指「感染愛滋病毒後，到發病的時間」，短則半年，長則達5～10年。醫學上建議在此期間提早發現、提早治療，可有效降低病毒量、恢復免疫力，大幅減少將病毒傳給其他人的風險。

處於潛伏期的患者，雖無明顯症狀，外觀上和你我都一樣；但未服藥控制，仍易將病毒感染他人，且病毒也會持續造成身體破壞。

感染HIV病毒的人，稱為「帶原者」或「感染者」。帶原者終生帶有HIV病毒，但若固定服藥、保持運動、作息正常，可保持不發病的健康狀態。但當帶原者在未控制病毒狀況下，導致免疫力變弱，疾病容易趁虛而入，成為發病狀態，即為「發病期」。

HIV帶原者即HIV(+)，血液檢驗呈陽性反應，表示體內有愛滋病毒與之共存，但不等於愛滋病患；只有當感染者免疫力過低而發病了，才可說是愛滋病患。

【提醒】

愛滋病毒存在於精液、血液、陰道分泌液、母乳汁、羊膜液等感染性體液。

性啟萌

愛滋病毒很脆弱，在活體細胞中才得以生存；一離開人體，暴露環境中很快死亡。

愛滋病毒不會經由未損傷的皮膚侵入人體，就算愛滋病毒沾到捷運電梯扶手、公車拉環、公廁馬桶等，也不會傳染。

愛滋病毒不是透過空氣、飲食和日常生活傳染；一起吃飯、上課、運動都不會感染。蚊子叮，也不是感染途徑。

感染，來自三種途徑

感染愛滋病毒，需接觸患者感染性體液，分為三類：

性行為感染：台灣現在最主要的感染原因，是與感染者發生不安全性行為，有體液接觸、全程未戴，或沒正確使用保險套。

血液感染：多因與感染者共用針筒注射，其他如共用刮鬍刀、牙刷造成出血，也有感染可能。

垂直感染：母親感染HIV，經由懷孕、生產、哺乳，將病毒感染給新生兒。

空窗期，並不安全

感染愛滋病毒後，會出現「空窗期」，指「感染病毒後，到可以被檢驗出來的時間」。在空窗期中，體內已有病毒，但驗血結果呈陰性反應，表示雖然偵測不出感染HIV，卻不代表沒被感染。

空窗期算法，是從懷疑被感染事件發生後6～12週；現今醫學發達，更靈敏檢驗工具可將空窗期縮短至1～2週，要看檢驗單位採取何種檢驗方式。檢驗，是最正確方式，而非以症狀來診斷。

按照現行法律規定，帶原者隱瞞已感染身分，與他人發生危險性行為，或共用針頭、捐血，導致他人得病，可處五年以上徒刑。

　　匿名篩檢愛滋病毒，是免費、保密、隱私、精準，需在隱密空間中，由專業人員進行一對一諮商服務；從事不安全性行為者為瞭解自己健康狀態，保護他人，應定期做匿名篩檢。

　　全國匿名篩檢的醫院與機構眾多，請至衛福部疾病管制署網站搜尋（http://ppt.cc/9tJJ）。

可在家自行篩檢愛滋病毒

　　若仍擔心到院篩檢檢查，目前也發展出「HIV抗體唾液快速檢驗試劑」，可在家自行篩檢愛滋病毒，僅20分鐘即能判讀結果。

　　另外，目前已有新興的愛滋防治方式「暴露前預防性投藥」（PrEP），若確實服用，可有效降低九成以上愛滋感染風險。但PrEP只能降低愛滋傳染的風險，不能防止其他性病傳染，保險套的使用還是很重要。

　　疾病管制署網站：在家愛滋唾液快速自我篩檢服務（https://otc.cdc.gov.tw/）。

唾液，有可能傳染HIV病毒嗎？

唾液並不會傳染（除非唾液中混著血液）；所以即使傷口沾到帶原者唾液，或交談時被帶原者噴到口沫，也不會造成感染。接吻，也不會造成HIV的感染；除非嘴巴有傷口，才有風險。

一般來說，口腔患有牙周病，或前不久進行完拔牙手術，造成口腔大量傷口及血液暴露，就可能提高感染風險。

口交不戴套，可能會感染愛滋病毒嗎？

口交，指口對陰道、口對陰莖、口對肛門進行性行為。而陰道分泌物、精液、直腸液具有傳染性。

口交，感染風險是不高的；因為口腔有完整的黏膜，而口水的成分也會讓病毒失去活性，但應避免在嘴巴有傷口時口交，也盡量不要射精在口中。

哪些人不應該捐血？

愛滋病毒透過血液傳染，有兩種狀況絕不適合捐血：

發生不安全性行為後，以為身體沒異狀就去捐血。記著，感染後會有一段檢驗不出病毒的空窗期。有沒有從事不安全性行為，當事人最明白，絕勿冒著風險捐血。若本身已由不安全性行為感染愛滋，是很容易再因捐血，而造成接受輸血者的感染。

還有一種人懷疑自己感染HIV，不敢就醫篩檢。硬著頭皮到捐血巴士，謊報身體健康，企圖利用捐血系統察覺是否遭感染，這是要不得的行徑。

台灣從2013年起，血液基金會採用新式篩檢技術「核酸擴大檢驗」（NAT）確保輸血安全後，直至目前尚未有輸血感染愛滋病毒個案。

英文小黑板

愛滋病：Acquired Immune Deficiency Syndrome，簡稱 AIDS
不安全性行為：unsafe sex 或 unprotected sex
不戴套性交：bareback，簡稱 bb。也可說：sex without a condom

【生活例句】
Using a condom correctly is the best way to prevent AIDS and STD.
正確使用保險套，是避免感染愛滋病、性病最佳之道。

性啟萌

感謝 acknowledgments

《性啟萌——青少年性教育讀本》一書涉及龐大專業知識，在寫作過程中，有許多位專業人士參與、提供寶貴諮詢，才能讓本書順利完成，特此深表感謝。

青春期性教育，首重對身體生理方面的了解，這方面邀請【醫學界】專家審訂：
吳建志（台北醫學大學附設醫院泌尿科醫師）審訂：男性生理器官、生理現象。
羅思佳（員林何醫院婦產科主治醫師）審訂：女性生理器官、生理現象。
黃士澤（衛福部疾管署慢性傳染病組防疫醫師、台北市立聯合醫院昆明院區醫師）審訂：性傳染病。

【教育界】專家審定：
郭明惠（新北市立三重高中 國中部專任輔導老師）
卓耕宇（高雄市立中正高工 專任輔導老師、社團法人台灣性別平等教育協會監事）

性教育內涵，也深入性學領域，特別感謝【性學界】專家們的協助：
簡上淇（樹德科技大學人類性學研究所助理教授）
郭洪國雄（樹德科技大學人類性學研究所助理教授）
邱誌庠（樹德科技大學人類性學研究所博士候選人，馬來西亞Abi集團教育顧問）
孫孟琳（樹德科技大學人類性學研究所性學碩士）
朱晏鋌（樹德科技大學人類性學研究所性學碩士）
尹靜貞（樹德科技大學人類性學研究所性學碩士＆廣川醫院幸福門

診主任）

高建睿（樹德科技大學人類性學研究所碩士班）

性教育，是一門生命教育，除了醫學、性學，同時也涵蓋了其他多種相關領域，層次多元豐富，如教育、心理、社會、性別、諮商、人文等，以及第一線上實際執行經驗者，感謝各界專家對本書的協助：

蘇芊玲（台灣性別平等教育協會監事，曾任創會理事長）

曾寶瑩（心向性健康中心管理主任、美國ACS認證國際性學家、性心理博士）

林蔚昀（作家，翻譯家，譯有《如何愛孩子：波蘭兒童之父的教育札記》等）

朱士炘（諮商心理師）

陳鈺萍（四季和安婦幼診所婦產科醫師）

黃暐超（華人心理治療研究發展基金會心理師）

蔡瑩芝（台灣同志諮詢熱線協會秘書長）

巫緒樑（台灣同志諮詢熱線協會常務理事）

洪浚珀（台灣預防醫學學會希望工作坊主任）

高穎超（美國羅格斯大學社會系博士候選人）

蕭宇翔（林口紀念醫院感染科研究助理、權促會講師）

錢永鎮（教育部生命教育課綱委員）

馮珍芝（台大生命教育育成研發中心講師）

薛靜瑩（台中女中生物科教師）

林文科（彰化秀水鄉馬興國小輔導主任）